Oldenbourg Interpretation
Band 91

Oldenbourg Interpretationen
Herausgegeben von
Klaus-Michael Bogdal und Clemens Kammler

begründet von
Rupert Hirschenauer (†) und Albrecht Weber

Band 91

Franz Kafka

Die Verwandlung/ Brief an den Vater

Interpretation von
Joachim Pfeiffer

Oldenbourg

DIE VERWANDLUNG und BRIEF AN DEN VATER werden nach der Reclam-Ausgabe zitiert, die Seitenzahlen wurden in Klammern in den Text eingefügt:
Die Verwandlung, Stuttgart 1995 (= RUB 9900).
Brief an den Vater, Stuttgart 1995 (= RUB 9674).

Zitate sind halbfett gekennzeichnet.

Die Deutsche Bibliothek – CIP-Einheitsaufnahme
Pfeiffer, Joachim:
Franz Kafka, die Verwandlung, Brief an den Vater : Interpretation / von Joachim Pfeiffer. – 1. Aufl. – München : Oldenbourg, 1998
(Oldenbourg-Interpretation ; Bd. 91)
ISBN 3-486-88691-6

© 1998 R. Oldenbourg Verlag GmbH, München

Das Werk und seine Teile sind urheberrechtlich geschützt. Jede Verwertung in anderen als den gesetzlich zugelassenen Fällen bedarf deshalb der vorherigen schriftlichen Einwilligung des Verlages.

Bei den Zitaten, Literaturangaben und Materialien im Anhang ist die neue Rechtschreibung noch nicht berücksichtigt.

1. Auflage 1998
Unveränderter Nachdruck   02   01   00   99   98   R
Die letzte Zahl bezeichnet das Jahr des Drucks.

Lektorat: Ruth Bornefeld, Bettina Schröter (Assistenz)
Herstellung: Karl Heinz Pantke
Typografisches Gesamtkonzept: Gorbach GmbH, Buchendorf
Umschlagkonzeption: Mendell & Oberer, München
Gesamtherstellung: Wagner GmbH, Nördlingen

ISBN 3-486-**88691**-6

Inhaltsverzeichnis

Vorwort *9*

1 **Wege der Forschung** *11*
1.1 Die endlose Suche nach der Bedeutung *11*
1.2 Bedeutungsfelder der Interpretation *15*
1.2.1 Psychoanalytischer Ansatz *15*
1.2.2 Diskursanalytischer Ansatz *16*
1.2.3 Sozialhistorischer und materialistischer Ansatz *17*
1.2.4 Biografische Deutung *19*
1.2.5 Gattungsorientierter Ansatz *19*
1.2.6 Selbstreflexion der Dichtung: allegorische und symbolische Bedeutungszuschreibungen *19*
1.2.7 Die Verselbstständigung der Metapher *21*

2 **Leben und Werk** *22*
2.1 Zur Biografie *22*
2.2 Das Durchbruchsjahr. Zur Entstehungsgeschichte der »Verwandlung« *25*
2.2.1 Kafka und der Expressionismus *26*
2.2.2 Die Entstehungsbedingungen *28*

3 **Kafka und die Geschichte der Subjektivität** *31*
3.1 Das Verschwinden des Subjekts *31*
3.2 Die Geschichte der Subjektivität *32*

4 **Interpretationsvorgaben zur »Verwandlung«** *37*
4.1 Der Beginn der Erzählung *37*
4.1.1 Merkwürdigkeiten des Anfangs *37*
4.1.2 Das Erwachen *39*
4.2 Aufbau und Handlungsverlauf *41*
4.2.1 Der chronologische Aufbau und die produktive Funktion des Lesens *41*
4.2.2 Die Kapiteleinteilung *42*
4.3 Die Topografie der Wohnung *50*
4.4 Erzählzeit und erzählte Zeit *53*

4.5 Erzählweise 55
4.5.1 Personales versus auktoriales Erzählen 55
4.5.2 Der Erzählschluss 59
4.6 Sprache und Stil 60
4.6.1 Charakteristische Merkmale 60
4.6.2 Eine ›kleine Literatur‹ 61
4.6.3 Elemente des Komischen 61
4.7 Die Figuren der Erzählung 64
4.7.1 Gregor 65
4.7.2 Die Schwester 68
4.7.3 Der Vater 69
4.7.4 Die Mutter 70
4.7.5 Die übrigen Figuren der Erzählung 71
4.8 Themen und Motive 73
4.8.1 Verwandlungs- und Käfermotiv 73
4.8.2 Die Angestelltenexistenz 76
4.8.3 Adoleszenzkrisen 78
4.8.4 Geschlechterrollen 81
4.8.5 Die Dame im Pelz 83
4.8.6 Schuld und Strafe 88

5 Interpretationsvorgaben zum »Brief an den Vater« 90
5.1 Zur Entstehung 90
5.2 Deutungsaspekte 92
5.2.1 Autobiografisches Dokument oder literarische Fiktion? 92
5.2.2 Der Vater-Sohn-Konflikt: patriarchalische Einschreibungen 94
5.2.3 Ehehindernisse 97
5.2.4 Der Schluss: Die Gegenrede des Vaters 98

Unterrichtshilfen
1 Didaktische Aspekte 100
2 Didaktisch-methodische Literatur 101
3 Unterrichtsreihen 102
4 Unterrichtssequenzen 103
  »Die Verwandlung« 103
  »Brief an den Vater« 130
5 Klausurvorschläge 138
6 Materialien 140

Anhang
Anmerkungen 157
Literaturverzeichnis 160
Zeittafel zu Leben und Werk 163

Kafka als Abiturient (1901)

(© Verlag Klaus Wagenbach, Berlin 1983, NA 1989 und 1994)

Vorwort

Die Bedeutung KAFKAS und sein Rang innerhalb der Weltliteratur brauchen nicht eigens hervorgehoben zu werden. Beachtung verdient schon eher die Tatsache, dass über keinen anderen deutschsprachigen Autor weltweit so viel geschrieben wurde wie über ihn. Die Deutungsflut zu seinen Texten ist ein erstaunliches Phänomen, das mit der traumhaften Qualität seines Werkes nicht ausreichend zu erklären ist. Offensichtlich entsprechen KAFKAS literarische Welten in besonderer Weise der Bewusstseinslage des 20. Jahrhunderts: mit seinen Brüchen, Verwerfungen und atemberaubenden Veränderungen, aber auch seinen Sinnverlusten und seiner **transzendentalen Obdachlosigkeit** (Lukács).

Die VERWANDLUNG gehört zweifellos – neben den Romanen – zu den meistgelesenen KAFKA-Texten und unzählige Generationen von Lesern und Interpreten haben sich daran abgearbeitet. Die Vielfalt der Deutungen soll in diesem Band nicht einer methodischen Engführung geopfert werden, vielmehr sollen unterschiedliche thematische und methodische Zugänge zu dem Text aufgezeigt werden. Die komplexe, oft paradoxe und rätselhafte Anlage der Erzählung darf nicht durch vorschnelle Sinnfixierungen eingeebnet werden; ebenso problematisch wäre es jedoch, einem unterschiedslosen Deutungs- und Meinungspluralismus zu verfallen. Dies würde auch dem Autor selbst nicht gerecht, der als Schüler provokativ für sozialistische Ideen Partei ergriff und sich, um Abgrenzung bemüht, eine rote Nelke ins Knopfloch steckte.

Die Vielseitigkeit des Blicks auf seine Texte soll hier mit besonderen Akzentsetzungen verbunden werden. Bei aller Rätselhaftigkeit enthält gerade die VERWANDLUNG ein sozialkritisches Potenzial, das sowohl in direkter Darstellung als auch in feinen sprachlichen Zwischentönen zum Ausdruck kommt. Den Verästelungen der Macht spürt KAFKA noch in den kleinsten Schlupfwinkeln nach: in der sprachlichen Verborgenheit alltäglicher Reden, in den Substrukturen der Arbeitswelt und der Familie, in den Doppelbindungen von Verwandtschafts- und Freundschaftsbeziehungen. Sein Mittel der Enthüllung ist immer wieder die Sprache selbst, mit deren ironischen Distanzierungstechniken oder Übertreibungen er Verborgenes sichtbar macht. Dazu gehört auch die komische Anlage vieler Stellen, die bisher zu wenig beachtet wurde. Das Vorurteil hat sich lange Zeit gehalten, die VERWANDLUNG sei eine düstere, Schrecken erregende Erzählung – im Grunde aber ist sie aufgebläht mit Komik, die sich mit dem Schrecklichen zu einem seltsamen Gemisch verbindet. Auf die zahlreichen komischen Stellen wird in der Interpretation ebenso verwiesen wie auf die befreiende Kraft des Lachens, die Autoritäten der Lächerlichkeit preisgibt und subversiv unterwandert.

Neben dieser gesellschaftskritischen Lektüre steht der Versuch, die VERWANDLUNG als Adoleszenzgeschichte zu verstehen und sie damit in einer literarischen Tradition zu verankern, die für das kulturelle Umfeld KAFKAS zu Beginn des 20. Jahrhunderts von großer Bedeutung war.

Der kulturwissenschaftliche Blick auf den Text wendet sich auch dem Aspekt der geschlechtlichen Identität zu, die sich vor allem über die Sprache konstituiert. Welche Formen diese sprachlich-kulturelle Konstruktion des Geschlechtlichen und der Geschlechterdifferenz bei KAFKA annimmt, ist bisher in der reichhaltigen Sekundärliteratur wenig untersucht worden. Einige Annäherungen in dieser Richtung sollen unternommen werden, zusammen mit dem Blick auf die eigenartige Pelzdame, die für Gregor offensichtlich wichtiger war als für viele Interpreten der Erzählung.

Dem Kapitel über die VERWANDLUNG ist die Interpretation zum BRIEF AN DEN VATER angefügt. Auch wenn der Brief nicht in unmittelbarem Zusammenhang mit der Erzählung entstanden ist (er wurde sieben Jahre später verfasst), entstammt er doch demselben geistigen Klima: Die Auseinandersetzung mit patriarchalischen Familienstrukturen, die Aufdeckung familialer Unterdrückungsverhältnisse und die Ungeziefer-Metapher, die an exponierter Stelle auftaucht, verbinden beide Texte.

Was bei allen Deutungsbemühungen bestehen bleibt, ist die paradoxe Anlage von KAFKAS Texten, die sowohl zur Deutung reizen als auch sich interpretatorischen Festlegungen entziehen. Dieser ›Stachel‹ ist aus den Texten nicht zu entfernen, er ist vielmehr ein stets erneuerter Anreiz für ihre Lektüre. Bei allen eigenen Akzentsetzungen ist der vorliegende Interpretationsversuch der Vielfalt der Leseweisen verpflichtet, die er nicht einschränken, sondern zu der er ermutigen möchte.

1 Wege der Forschung

1.1 Die endlose Suche nach der Bedeutung

Die Deutungen zu KAFKAS VERWANDLUNG sind von unendlicher Vielfalt und Widersprüchlichkeit. Was für KAFKAS Texte allgemein gilt, trifft besonders auf diese frühe Erzählung zu: Sie hat eine unendliche Suche nach der Bedeutung in Gang gesetzt, eine verwirrende Anstrengung der Interpreten, die geheimnisvolle Metaphorik des Textes zu entschlüsseln. Die Erzählung wurde gedeutet als masochistische Unterwerfungsfantasie (Neider 1948), als Todes- und Auferstehungsfantasie (Webster 1959), als religiöse Fantasie der Bestrafung und Sühne (Holland 1958, Ruhleder 1971), als neurotische Regressionsfantasie (Binion 1961), als modernes Verwandlungsmärchen (Angus 1954), als Kritik an der entfremdeten Arbeitswelt (Schlingmann 1968, Hillmann 1973), als Thematisierung einer aus allen Sozialbezügen herausfallenden Künstlerexistenz (Corngold 1973), als Ausdruck des entwurzelten Lebens emanzipierter Westjuden (Weinberg 1963), schließlich sogar als literarische Darstellung eines Seelenwanderungsmythos (Krock 1974). Corngolds ausführliche Bibliografie zur VERWANDLUNG aus dem Jahr 1973 spricht von der **Verzweiflung** des Interpreten (*THE COMMENTATOR'S DESPAIR*).

Dieses unendliche Sprechen der Interpreten, das durch KAFKAS Texte ausgelöst wurde, mag man mit Verwirrung betrachten. Man mag vor der **Raserei der Auslegung**[1] warnen oder vor den **Interpretations-Orgien**[2] der KAFKA-Symposien. Man mag auf das **Ur-Übel** aller KAFKA-Interpretationen hinweisen: die unmittelbare Übersetzung der dichterischen Bilder in die Sprache der Theologie, der Philosophie oder der Psychologie.[3] Einen Grund zur Verzweiflung gibt es jedoch nur für den, der eine absolute Wahrheit im literarischen Text zu finden versucht und der die Bedeutungen festschreiben will, die er aus ihm herauslöst. Für ihn werden die Texte KAFKAS zu einem Labyrinth, aus dem er keinen Ausweg mehr findet und in dessen Innerstes er nie einzudringen vermag. Aber auch zu einer Übung, die ihm die Metaphysik der Bedeutungen endgültig zerschlägt.

Die KAFKA-Lektüre kann die Einsicht befördern, dass das Text-Verstehen nie in Sinn-Fixierungen endet, sondern eine Dynamik in Gang setzt, die nicht ruhig gestellt werden kann. Dem Leser mag es dabei ergehen wie dem Jäger Gracchus aus KAFKAS gleichnamiger Erzählung, der **immer in Bewegung** ist und nicht einmal durch den Tod seine Ruhe findet. Oder wie dem Ich-Erzähler jener Kurzgeschichte, die den Titel *DER AUFBRUCH* trägt: Der Aufbrechende kennt sein Ziel nicht. Und wenn es ein Ziel gibt, dann ist es die immer weitere Entfernung vom Ursprung, das **Weg-von-hier:** die Flucht vor jeder Sesshaftigkeit und vor jeder Bedeutungs-Erstarrung. Denn: **Es ist ja zum Glück eine wahrhaft ungeheure Reise.**[4] In der Paradoxie dieser Formulierung spiegelt sich die Widersprüchlichkeit der Empfindungen, die den oder die KAFKA-Leser/in überkommen mag: Das Glück des Aufbruchs ist verbunden mit einer Unheimlichkeit, die von der Unerreichbarkeit des Ziels ausgeht.

Über die **Polyvalenz der Bedeutungen** von KAFKAS Texten ist viel geschrieben worden. Von der **Deterritorialisierung** des Sinns war die Rede und von der **disseminalen** Qualität seiner Texte (Deleuze/Guattari). Im Grunde aber radikalisiert KAFKA nur eine Eigenschaft, die die Literatur schon immer auszeichnet: Der literarische Text strebt nicht nach Eindeutigkeit, sondern befreit vom Zwang des Faktischen, des Notwendigen und Objektiven. Er ist in der Lage eine Welt zu schaffen, die die Realität übersteigt, kritisch in Frage stellt, parodiert oder negiert. Er öffnet einen Freiraum für die Fantasie, widerspricht gängigen Erwartungen und schockiert den in seiner Gewohnheit Befangenen. **Ich glaube, man sollte überhaupt nur solche Bücher lesen, die einen beißen und stechen. Wenn das Buch, das wir lesen, uns nicht mit einem Faustschlag auf den Schädel weckt, wozu lesen wir dann das Buch?** Dies steht in einem Brief KAFKAS aus dem Jahr 1904.[5]

Schon die traditionelle Hermeneutik hat betont, dass das **Verstehen** nicht der Logik des eindeutigen, überprüfbaren Wissens folgt – im Unterschied zum **Erklären** der Naturwissenschaften. Die Subjektivität ist nicht aus dem Verstehensprozess auszuschließen, sondern dessen konstitutiver Bestandteil. Und da jeder Mensch andere Erfahrungen und Vorstellungen an einen Text heranträgt, ist der Prozess des Verstehens und Deutens prinzipiell nicht abschließbar. Jede literarische Deutung fügt der Wirkungsgeschichte eines Textes einen neuen Baustein hinzu.

Die Rezeptionsästhetik, die in den Siebzigerjahren entstanden ist, hat diese Einsicht noch verstärkt durch die These, dass der Text-Sinn sich überhaupt erst im Akt des Lesens und Verstehens konstituiere. Besonders die undeterminierten Stellen (die **Leerstellen**) eines Textes sind es, die den Leser veranlassen sie mit Bedeutung aufzufüllen. Je unbestimmter ein Text ist, desto mehr verlockt er zur Sinnproduktion bei der Lektüre. Da dieses Leerstellenpotenzial bei KAFKA-Texten besonders groß ist, geht von ihnen eine starke Aktivierung des Lesers/der Leserin aus – es sei denn, der Leser/die Leserin fühlt sich überfordert und gibt die Lektüre auf. Zweifellos liegt aber in der Unbestimmtheit und Offenheit der Texte KAFKAS (kaum ein Text weist eine geschlossene Form auf) ein wesentlicher Grund für die Deutungswut, die sich an ihnen entzündet – und an ihnen bricht.

Zu dem hohen Maß an Unbestimmtheitsstellen tritt noch eine andere Eigenschaft, die sich als Paradoxie der Form bestimmen lässt: KAFKA greift in vielen seiner Texte tradierte Gattungsformen auf, die eine Erwartungshaltung beim Leser/bei der Leserin wecken – am Ende aber wird das Versprechen der Form nicht eingelöst. So ähnelt die VERWANDLUNG in mancher Hinsicht einem Verwandlungsmärchen; zugleich verweigert sich aber die Erzählung dem Gattungstypischen: der Entzauberung oder Erlösung (der hässliche Frosch verwandelt sich zuletzt immer in einen schönen Prinzen …). Besonders häufig verwendet KAFKA epische Lehrformen, etwa die Parabel, die den Leser/die Leserin veranlasst nach einer im Text verborgenen Lehre zu suchen. Die Lehre selbst aber stellt KAFKA nicht mehr zu Verfügung.[6] So gehen von seinen Texten beständig Deutungsreize aus, die zur Sinnsuche verlocken – der Schlüssel zum Sinn aber scheint verloren gegangen zu sein.

Im Grunde verstärkt KAFKA damit eine Qualität des Erzählens, die schon ursprüngliche (mündliche) Erzähltraditionen auszeichnet: Seine Texte erklären nichts. Sie liefern keine Begründungen für die seltsamen Vorgänge, von denen sie berichten. Immer wieder spielen sie sich in jenen Grenzzonen des Bewusstseins ab, wo die reale Welt in eine Welt des Traums hinübergleitet – der Traum aber folgt nicht den Gesetzen der Kausalität und der rationalen Logik. So wird in der VERWANDLUNG zu keinem Zeitpunkt erklärt, warum sich Gregor Samsa in ein **ungeheueres Ungeziefer** verwandelt. Der Leser/die Leserin mag sich die Frage stellen und er/sie wird in einer unendlichen Bewegung um die Erklärung kreisen. Insofern sind KAFKAS Texte dem *alten* Erzählen vergleichbar, das von WALTER BENJAMIN so eindrucksvoll beschrieben wurde.[7]

Am Beispiel einer Geschichte Herodots verdeutlicht BENJAMIN den Unterschied zwischen der Information, deren Interesse sich mit der Erklärung erschöpft, und der Erzählung, die ihre Faszinationskraft über Jahrhunderte hinweg bewahren kann. BENJAMIN führt als Beispiel Herodots Erzählung von dem Ägypterkönig Psammenit an, der vom Perserkönig Kambyses vernichtend geschlagen wurde. Zur Demütigung des gefangenen Königs wird seine Tochter als Dienstmagd vorübergeführt, seinen Sohn erblickt er auf dem Weg zur Hinrichtung. Psammenit aber bleibt unbewegt. Erst als sein alter Diener in den Reihen der Gefangenen vorbeigeführt wird, zeigt er alle Zeichen der tiefsten Trauer. Eine Erklärung dafür gibt die Geschichte nicht. BENJAMIN begründet die jahrhundertelange Wirkungskraft dieser Erzählung mit der Leerstelle, die den Leser/die Leserin zu immer neuer Sinnproduktion herausfordert:

> Aus dieser Geschichte ist zu ersehen, wie es mit der wahren Erzählung steht. Die Information hat ihren Lohn mit dem Augenblick dahin, in dem sie neu war. Sie lebt nur in diesem Augenblick, sie muß sich gänzlich an ihn ausliefern und ohne Zeit zu verlieren sich ihm erklären. Anders die Erzählung; sie

verausgabt sich nicht. Sie bewahrt ihre Kraft gesammelt und ist noch nach langer Zeit der Entfaltung fähig. [...] Herodot erklärt nichts. Sein Bericht ist der trockenste. Darum ist diese Geschichte aus dem alten Ägypten nach Jahrtausenden imstande, Staunen und Nachdenken zu erregen. Sie ähnelt den Samenkörnern, die jahrtausendelang luftdicht verschlossen in den Kammern der Pyramiden gelegen und ihre Keimkraft bis auf den heutigen Tag bewahrt haben. (391 f.)

Angesichts der zahllosen Interpretationsversuche ist weniger Verzweiflung am Platze als Erstaunen darüber, dass KAFKAS Texte ein solch endloses Gespräch anzuregen vermochten: ein Gespräch, das alle Kulturräume erfasst und das auch heute noch nichts von seiner Intensität eingebüßt hat. Die unzähligen Stimmen, die um seine Texte kreisen, sich überkreuzen, sich widersprechen und neue Gedanken hervorbringen, sind ein Beweis nicht nur für die ungebrochene Aktualität des Autors, sondern auch für die Dichte und produktive Qualität seiner Texte.

Natürlich muss sich jede Interpretation, will sie nicht der Beliebigkeit verfallen, an dem Textbezug messen lassen, der ihr klare Grenzen setzt. Die innere Struktur eines Textes, die lexikalischen Besonderheiten, die Gattungsbezüge, die Bezüge zu anderen Texten (die Intertextualität) und nicht zuletzt der zeitgeschichtliche Bezugsrahmen sind wichtige Vorgaben, von denen eine ernst zu nehmende Interpretation auszugehen hat. Eine rein textimmanente Lektüre kann zwar den strukturellen Aufbau und das Sinngefüge eines Textes erhellen, aber sie vernachlässigt den Bedeutungskontext, in den jeder Text eingebettet ist. So traumhaft KAFKAS Texte auch sein mögen, sie sind viel stärker auf politische, soziale, psychologische Inhalte bezogen, als es zunächst den Anschein hat. Gleich der Beginn der VERWANDLUNG etwa liefert eine Fülle sachlicher Details zur Arbeitswelt und ihren Entfremdungsmechanismen, zum Problem der Krankmeldung und der Krankenkassenärzte, zu Wohn- und Essgewohnheiten, zur kleinbürgerlichen Familienstruktur und deren Konfliktpotenzial. Die Tatsache, dass die Erzählung zum ersten Mal in einer expressionistischen Zeitschrift abgedruckt wurde, ist nicht unerheblich für die Deutung ihrer Motive und Symbole, und auch das Leben des Autors kann eine interessante Hintergrundinformation zu manchen Textstellen abgeben. Insofern ist es auch sinnvoll, die thematischen Bezüge zu dem BRIEF AN DEN VATER ins Licht zu setzen, der sieben Jahre nach der VERWANDLUNG entstanden ist. In keinem Fall stehen jedoch Biografie und Erzählung in einem Abbildungsverhältnis zueinander, ebenso wenig wie das Autobiografische die Lebensrealität kopiert oder spiegelt. Die Art der Bezüge und Transformationen (Parodie, Übertreibung, Verzerrung, Verkehrung ins Gegenteil, Aufblähung ins Komische und Absurde) ist dabei immer zu berücksichtigen.

1.2 Bedeutungsfelder der Interpretation

So sehr die Interpretationen zur VERWANDLUNG sich unterscheiden und zum Teil widersprechen, so sehr korrigieren und ergänzen sie sich auch. Deshalb ist es nicht unproblematisch, sie unterschiedlichen Kategorien zuzuordnen. Die meisten Deutungsansätze sind *thematisch-inhaltlich* orientiert: Sie folgen psychologischen, biografischen, literatursoziologischen oder sozialhistorischen Paradigmen, wobei sie jedoch auch häufig formale Gesichtspunkte einbeziehen (eine gesellschaftskritische Lektüre wird sich z.b. oft auch für die satirischen und parodistischen Stilmittel interessieren). Es gibt aber auch Deutungen, die sich vorwiegend auf *stilistische* oder *gattungstheoretische Aspekte* konzentrieren (Formen der Groteske, der Komik, Gattungsformen des Märchens und des Mythos). Dass sprachlich-formale Analysen zugleich ein eminent gesellschaftskritisches Potenzial freilegen können, zeigen die Ansätze der Diskursanalyse (vor allem Deleuze/Guattari 1976), in denen sich die Untersuchung von **Diskursformationen (Diskurse** sind gesellschaftlich oder institutionell determinierte Reden) und Ideologiekritik miteinander verschränken. Hinter einer diskursiven Praxis werden dann z.b. die Strategien der Macht sichtbar oder der Widerstand gegen sie, den die Literatur ausübt – auch der Widerstand gegen die Sinnzusammenhänge oder die einheitsstiftenden Instanzen, welche die Interpreten den Texten aufzwingen.

1.2.1 Psychoanalytischer Ansatz

Die psychologischen und psychoanalytischen Deutungen der VERWANDLUNG sind bei weitem in der Überzahl, wohl weil die Darstellung des Familienkonflikts und der Entwicklungsweg Gregors sich dazu besonders anbieten. Typische Merkmale solcher Interpretationen sollen an einem älteren Beispiel verdeutlicht werden, das in einem konzeptuellen Gegensatz zur diskursanalytischen Praxis (1.2.2) steht – zugleich gibt es aber auch nicht zu übersehende Gemeinsamkeiten.

Eine der ersten psychoanalytischen Arbeiten zur VERWANDLUNG wurde von Hellmuth Kaiser 1931 verfasst. Kaiser entdeckt in einer latenten Bedeutungsschicht den ödipalen Konflikt zwischen Vater und Sohn, der einem Machtkampf mit wechselnden Rollen gleichkomme. So holzschnittartig diese Interpretation auch sein mag – etwa wenn sie in Gregors Entwicklung eine Regression auf die anale Phase erblickt, in den Bestrafungshandlungen des Vaters Akte der Kastration, in dem Pelz ein Symbol für das weibliche Geschlechtsorgan –, so werden in dieser frühen Analyse doch Grundstrukturen sichtbar, die auch noch in späteren Arbeiten ihre Gültigkeit behalten. Dies gilt z.B. für den Machtkampf zwischen Vater und

Sohn, der – wie schon in der Erzählung DAS URTEIL – nach dem Schema kommunizierender Röhren erfolgt: Je mehr der Sohn aufsteigt, desto schwächer wird der Vater; und je mehr der Sohn aus dem gesellschaftlichen und familiären Leben ausgeschlossen wird, umso mehr nehmen die Stärke und der Einfluss des Vaters zu. Nach Kaiser sind die zwei Phasen dieses Kampfes hart gegeneinander gesetzt: **eine erste, in der der Sohn im Vorteil ist, und eine zweite, in der der Vater den Sohn besiegt.** Zwischen den beiden Phasen steht als die Grenze oder richtiger als das den Entwicklungssinn umkehrende Ereignis die Verwandlung.[8]

Neben der Analyse dieser Konfliktstruktur weist Kaiser auf die **Urszenenbeobachtung** am Ende des zweiten Kapitels hin, die sich mit dem Versagen von Gregors Sehkraft verbindet. Kaiser spielt hier auf den Freud'schen Begriff der **Urszene** an, mit dem die erste Beobachtung des (elterlichen) Geschlechtsverkehrs durch das Kind bezeichnet wird (in der Erzählung ist von der **gänzlichen Vereinigung** der Eltern die Rede, 44), und auf die Blendung, mit welcher im Mythos die Liebe des König Ödipus zu seiner Mutter bestraft wird. Die Strafe ist hier durch die ›Selbstbestrafung‹ des Sohnes ersetzt – ein zentrales Motiv, das auch in anderen KAFKA-Texten wiederkehrt. Wenn Kaiser von Masochismus redet und die sexuelle Bedeutung des Pelzes betont, so nimmt er in gewisser Hinsicht schon neuere Einsichten vorweg, die von einem Bezug der Erzählung zu Sacher-Masochs VENUS IM PELZ ausgehen.[9]

1.2.2 Diskursanalytischer Ansatz

In Gegensatz zu Kaisers Symboldeutung steht die **anti-ödipale** Lektüre von Deleuze und Guattari, die – als Philosoph und als Psychoanalytiker – in mancher Hinsicht der Diskursanalyse Foucaults verpflichtet sind. Die von ihnen verfasste KAFKA-Studie (*KAFKA. FÜR EINE KLEINE LITERATUR*, dt. 1976) ist von großer Originalität, wenn auch nicht einfach zu lesen. Die Autoren entdecken in der VERWANDLUNG weniger die Spuren des Ödipus-Komplexes (also die Liebe des Sohnes zur Mutter und des Verbots durch den Vater), sondern beständige Versuche, sich über die Sprache dem **Halseisen** des Ödipus zu entziehen, dem patriachalischen System der Unterdrückung zu entkommen. Das sprachliche Verfahren hierzu, so die These der Autoren, besteht in der Aufblähung des Ödipalen: seiner riesenhaften Vergrößerung und seiner Verzerrung ins Komische und Absurde. Dabei werden hinter dem ödipalen Dreieck **wie unter dem Mikroskop** andere Unterdrückungsdreiecke sichtbar, Dreiecke der Bürokratie und des Geschäfts (Vater – Prokurist – Gregor, Vater – Angestellter – Gregor, die drei Zimmerherrn). Das Tier-Werden wird bei Deleuze und Guattari nicht als Metapher verstanden (als Bild, das für etwas anderes steht), vielmehr zerstöre KAFKA **alle Metaphern, alle**

Symbolismen, jede Bedeutung und jede Designation.[10] Das Tier-Werden sei in sich selbst eine schöpferische Fluchtlinie[11], eine Möglichkeit, dem familiären Dreieck und all den anderen Dreiecken der Unterdrückung zu entgehen: Gregor wird nicht nur Käfer, um seinem Vater zu entkommen, sondern auch und eher noch, um einen Ausweg zu finden, wo sein Vater keinen zu finden vermochte, um dem Prokuristen, dem Geschäft und den Bürokraten zu entrinnen.[12] Zugleich weisen die Autoren aber auch darauf hin, dass die **Deterritorialisierungsbewegung** des Textes im Ansatz stecken bleibt: Die Auflösung der menschlichen Daseinsform leite einen grundlegenden Wechsel der Ausdrucksebenen ein, in dem sich auch die sprachlichen Ausdrucksformen auflösen müssten – die Bedeutungen müssten sich in einem Reich der Intensitäten, der Töne, Schwingungen, Farben und Empfindungen entdifferenzieren.[13] Am Ende jedoch wird das Dreieck der Familie wieder hergestellt – ein Vorgang, den die Autoren als **Reödipalisierung** bezeichnen. Entscheidend ist, dass Deleuze und Guattari die literarische Sprache weniger als Instrument der Informationsvermittlung oder als Repräsentationssystem verstehen (in dem auf etwas Außersprachliches verwiesen wird), sondern als Mittel der Machtausübung bzw. des Widerstands gegen sie. Da Sprache bei KAFKA nicht mehr repräsentativ ist, da die Ausdrucksebene ein Übergewicht über die Inhaltsebene erhält, kann der Text nicht interpretiert, nur erfahren und erprobt werden. Der Leser/die Leserin muss sich in seine Ausdrucksbewegung hineinbegeben, sich seiner Intensität aussetzen wie in einer Versuchsanordnung, deren Teil er/sie geworden ist.

Dieser diskursanalytisch orientierte Ansatz geht von der Annahme aus, dass man den Bannkreis der Redeordnungen nicht einfach verlassen, sondern nur von innen her unterlaufen und auflösen kann. Eine solch subversive Kraft, mit der der Ausdruck die Form zerbricht, wird dem literarischen Text zugesprochen, und den Texten KAFKAS in besonderem Maß.

1.2.3 Sozialhistorischer und materialistischer Ansatz

Wird bei Deleuze/Guattari das diskursive System der Macht zum Gegenstand der Analyse, so kommen auch andere Interpretationen immer wieder auf das Unterdrückungssystem zu sprechen, das sie bei KAFKA – dem **Experten der Macht**[14] – repräsentiert und kritisiert finden. Während die einen die sprachlichen Verflechtungen der Macht beschreiben, analysieren die anderen ihr Repräsentationssystem, das KAFKAS Text darstelle. All diese Interpretationen heben die gesellschaftskritische Intention der *VERWANDLUNG* hervor, ob sie nun sozialpsychologischen, literatursoziologischen, theologischen oder materialistischen Analyseansätzen folgen. Gert Sautermeister hat in einem Aufsatz, der 1974 in der Zeitschrift *Der Deutschunterricht* erschienen ist, sozialpsychologische und sozialhistorische Interpretationsaspekte miteinander verschränkt. Die beruflichen Strukturen, in denen Gregor gefangen ist, erscheinen hier als besonders typisch für eine frühkapitalistische Wirtschaftsordnung, die sich von der Sesshaftigkeit des Zunftwesens gelöst und den Handlungsreisenden als neuen Berufstypus hervorgebracht hat. Die Entfremdung, der Gregor beruflich ausgesetzt ist, hat nach Sautermeister mit den Verdinglichungszwängen des kapitalistischen Wirtschaftssystems zu tun: Alles wird nur noch unter dem Waren- und Handelsaspekt betrachtet, die Menschen selbst werden zu Opfern kommerziellen Kalküls – sie werden für ökonomische Zwecke funktionalisiert. KAFKA folgt in seinem Text einer **Entschleierungstaktik**, durch die er nicht nur jene Verunstaltung des Menschen entblößt,

> die, verdeckt und unbewußt, in einer privatwirtschaftlichen, von Kleinfamilien durchsetzten Gesellschaftsordnung entsteht. Er entblößt durch diesen Akt Schritt für Schritt auch die Anwälte, Sachwalter und Hilfskräfte dieser Gesellschaftsordnung: in erster Linie ihre Herrschaftsfiguren, in zweiter Linie deren unmittelbaren Lebensumkreis.[15]

KAFKA verurteilt in seiner Erzählung die gesellschaftliche Ordnung, die den Menschen deformiert, und er verurteilt damit insbesondere jenes Element, **dessen sie zu ihrer Aufrechterhaltung bedarf**: die Familie.[16] In seiner sozialpsychologischen Analyse versucht Sautermeister die familiären Abhängigkeitsstrukturen aufzudecken, deren Opfer Gregor – bis hin zu seiner Selbstvernichtung – geworden ist.

Auch in der materialistischen Analyse von Gerhard Bauer (1972) geht es um die Analyse der Macht- und Unterdrückungsstrukturen, die KAFKAS literarische Gestalten nehmen. Doch eben diese literarische Gestalt wird hier kaum mehr berücksichtigt – etwa die spezifischen Darstellungstechniken der Groteske, des Komischen, der Parodie und Satire. Für Bauer ist KAFKAS Text eine recht unvermittelte Abbildung gesellschaftlicher Strukturen, die vor allem **ältere, ständische, hierarchische, patriarchalische Unterwerfungshaltungen** des Kleinbürgertums widerspiegeln. So gesellschaftskritisch und gesellschaftsbezogen KAFKAS *VERWANDLUNG* auch sein mag, eine einfache Widerspiegelung gesellschaftlicher Verhältnisse ist die Erzählung sicher nicht. Versucht Sautermeister noch die narrative Strategie des Textes zu erklären (sprachliche Formen der Entschleierung), so wird der Text hier nur noch in die Sprache einer soziologisch-materialistischen Analyse übersetzt – im Sinne Politzers besteht hierin gerade das **Ur-Übel** der KAFKA-Interpretation. Dies schließt natürlich nicht aus, dass man Unterdrückungsverhältnisse in der Familie Samsa erkennt, die in Analogie zur Ausbeutung der Arbeitskraft im Betrieb gestaltet sind – sozusagen als privatisiertes Bild der Selbstentfremdung[17] – oder dass man die Familie Samsa als Projektionsfläche einer **ökonomisch-rechtlichen Apparatur** der Unterdrückung versteht.[18]

1.2.4 Biografische Deutung

Dem **Ur-Übel** der KAFKA-Interpretation erliegen auch jene Deutungen, die unvermittelt von der Biografie des Autors auf sein Werk schließen – vor allem dann, wenn sie die Biografie zum Deutungsmuster des Textes erheben. Dass man den Entstehungsbedingungen eines literarischen Textes nachgehen kann und soll, ist keine Frage. Hartmut Binder hat dies in detaillierter und erhellender Weise getan.[19] Dass KAFKA eine sehr enge Beziehung zu seiner Schwester Ottla hatte und durch deren harte Zurückweisung traumatisch gekränkt wurde, mag ein interessantes biografisches Detail sein, das sicher auch Einfluss auf die Abfassung der Erzählung ausübte – aber für die Interpretation der VERWANDLUNG ist diese Tatsache nicht unmittelbar von Belang. Deswegen erschiene es auch problematisch, den BRIEF AN DEN VATER als direkte Deutungshilfe für die Erzählung heranzuziehen – auch wenn der Brief zweifellos ein ähnliches Beziehungsklima und ähnliche Beziehungsstrukturen erkennen lässt.

1.2.5 Gattungsorientierter Ansatz

Von den thematischen Interpretationen unterscheiden sich jene, die sich stärker auf die formale Gestaltung des Textes konzentrieren – etwa auf seine stilistischen Eigenheiten, seine Gattungsform und seine intertextuellen Bezüge. Wiederholt wurde die VERWANDLUNG als **Anti-Märchen** gedeutet, als Kontrafaktur des Verwandlungsmärchens. Schon Clemens Heselhaus (1952) erblickte in KAFKAS Erzählung eine Umschreibung des Verwandlungsmärchens LA BELLE ET LA BÊTE, da weder die Schwester noch die Eltern eine Entzauberung und Erlösung Gregors herbeiführen. Diese Negativ-Transformation diene Kafka dazu, so Heselhaus, die problematische Situation des Individuums in der Moderne darzustellen.[20] Rudolf Kreis verstand die VERWANDLUNG als Gegentext zu Grimms Märchen HÄNSEL UND GRETEL: Die Familienstruktur und der schwesterliche Name ähneln sich, die Durchführung und Lösung des Konflikts weichen aber grundlegend voneinander ab.[21]

1.2.6 Selbstreflexion der Dichtung: allegorische und symbolische Bedeutungszuschreibungen

Einen besonders interessanten Versuch, die Bildsprache KAFKAS einer genauen Analyse zu unterziehen, lieferte Stanley Corngold mit seinem Aufsatz THE STRUCTURE OF KAFKA'S ›METAMORPHOSIS‹ (1973). Als einer der wenigen Autoren deutet Corngold die Erzählung als Reflexion der Dichtung über sich selbst, die Tier-Metapher als eine Allegorie des Poetischen und des Poeten. Corngold interessiert sich vor allem für die Rhetorik des

Textes, seine symbolische bzw. allegorische Bedeutungsschicht. Er geht aus von der Unterscheidung zwischen Symbol und Allegorie, die sich WALTER BENJAMIN – im Anschluss an die Definition GOETHES – zu eigen machte und die sich im Allegoriebegriff PAUL DE MANS wiederfindet.[22] Das Symbol (bzw. die symbolische Lektüre) setzt immer einen Sinnzusammenhang voraus, der von einem kulturellen Konsens getragen wird (das Kreuz etwa ist in unserem kulturellen Kontext ein Symbol für die christliche Religion). Die (moderne) Allegorie dagegen zerstört die Vorstellung von Sinn-Totalität und universellem Verweisungszusammenhang, da sie sich aus traditionellen Sinnbezügen herauslöst und das Einzelne gegen das Ganze, das Fragmentarische gegen das Totale setzt. In der Welt der Symbole sind Bild und Bedeutung relativ fest miteinander verbunden, während bei den allegorischen Sinnbildern die Bedeutungszuschreibung fast beliebig variieren kann (letzten Endes kann ein Bild nun alles versinnbildlichen). Deswegen ist die moderne Allegorie einerseits eine Quelle ständiger poetischer Erneuerung, andererseits ein Ausdruck für die Aufsplitterung der Bedeutungen und für die Loslösung des Bezeichnenden vom Bezeichneten.

Für Corngold ist die Käfer-Metapher ein Sinnbild für die völlige Loslösung des **Ungeziefers** aus dem vorherigen Bedeutungszusammenhang. Es verweist auf die Welt des Poetischen selbst, die sich für KAFKA mit der bürgerlichen Welt – der Integration in eine Familie, einen Beruf – nicht vermitteln lässt. Corngold versucht das beständige Changieren des Textes zwischen allegorischer und symbolischer Bedeutungszuschreibung sichtbar zu machen. Die völlige Zerstörung des alten Lebenszusammenhangs wird durch die allegorische Sinnebene des Textes vermittelt, während die symbolische Ebene eine Sinnkontinuität von Gregors Leben vor und nach der Verwandlung voraussetzt. Die Rhetorik des Textes besteht nun darin, so Corngold, dass der Text selbst eine symbolische gegen eine allegorische Bedeutung ausspielt: Immer dann, wenn der Käfer sich als Gregor Samsa begreift und die alte Familiensituation wiederherstellen will, wenn er seine Verwandlung als Bestrafung und sich selbst als Opfer deutet, restituiert er den alten Sinnkontext und versteht sein Käferdasein symbolisch. Die allegorische Lektüre dagegen spricht der Käferexistenz eine völlige Unvereinbarkeit mit der bürgerlichen Lebensrealität zu und geht von dem absoluten Schnitt aus, der sich mit der Verwandlung vollzieht – so wie KAFKA davon ausging, dass er sich schreibend aus seinem Lebenszusammenhang herauskatapultieren und sich buchstäblich in Literatur verwandeln könnte.

Die Dichtung thematisiert somit ihre eigenen Möglichkeiten, alte Sinnzusammenhänge zu zerstören und neue Bedeutungen zu erschaffen – sie wird selbstreflexiv. Im Grunde verbildlicht der Käfer das allegorische und das symbolische Verfahren der Literatur selbst: Er stellt den Wechsel dar zwischen zwei Arten der Bedeutungszuschreibung. Die Rhetorik des Textes kann als eine Allegorie des Poetischen verstanden werden.

Diese Analyse des ästhetischen Verfahrens ist sicher sehr spekulativ. Corngold gelangt damit zu eigenwilligen Ergebnissen, die sich im Einzelnen hinterfragen lassen. Der Versuch allerdings, den rhetorischen Prozeduren in der VERWANDLUNG nachzuspüren, ist von großer Bedeutung; er findet sich auch in anderen Interpretationen, die das spezifische Metaphorisierungsverfahren Kafkas zu ihrem Gegenstand machen.

1.2.7 Die Verselbstständigung der Metapher

Günter Anders hat bereits 1947 festgestellt, dass KAFKA die Metapher **beim Wort** nehme: Dieses Wörtlichnehmen bestehe darin, dass ihr Vergleichscharakter annuliert und das Bild selbst zum Bezeichneten werde. In den Augen der wohlanständigen Welt, so schreibt Anders, sei Gregor Samsa ein **dreckiger Käfer** oder ein **Mistkäfer**. Also wacht er als Käfer auf, **der an der Zimmerdecke zu kleben liebt**.[23] Ob man von der **Verselbständigung** der Metapher spricht[24] oder von der **fortgeführten** Metapher[25]: Immer geht es darum, das ästhetische Verfahren zu analysieren, nach welchem die Metapher wörtlich genommen und ihres Vergleichscharakters beraubt wird.

Die hier vorgestellten Interpretationsversuche stellen nur einen kleinen Ausschnitt aus der reichhaltigen Forschungsliteratur dar, die zur VERWANDLUNG erschienen ist. Sie sollen bei allen Divergenzen und Widersprüchen deutlich machen, dass sich unterschiedliche Interpretationsaspekte nicht unbedingt ausschließen müssen, sondern sich gegenseitig ergänzen und den Blick auf den Text erweitern können. Jeder Methoden-Dogmatismus ist bei der Textlektüre schädlich, weil er den Blickwinkel unnötig verengt. Methodenvielfalt vergrößert das Bedeutungsspektrum eines Textes, während ein Kampf der Methoden schnell von Ausschließlichkeitsansprüchen beherrscht wird. Solch ein Kampf erscheint besonders da als sinnlos, wo ein Anspruch auf absolute Aussagewahrheiten nicht mehr erhoben wird. Die Interpretationshilfen in diesem Band folgen dem (von Jost Hermand formulierten) Konzept eines **synthetischen Interpretierens**. Die Verbindung unterschiedlicher Deutungsansätze entspricht der Vielschichtigkeit menschlicher Subjektivität und den komplexen Beziehungsstrukturen des Subjekts in der Gesellschaft. Keine Interpretationsmethode soll einseitig oder ausschließlich verwendet werden. Entscheidend ist allerdings, dass eine Lektüre immer wieder zum Wortlaut des Textes zurückkehrt und sich an ihm misst.

2 Leben und Werk

2.1 Zur Biografie

Im Juli 1883 wird KAFKA als Erstes von sechs Kindern in Prag geboren. Er besucht das deutsche Gymnasium, empfindet die Schule **an und für sich** als Schrecken, folgt nach dem Abitur dem Wunsch des Vaters und wird Jurist, obwohl ihm die Juristerei im Grunde verhasst ist. Nach dem Abschluss der juristischen Promotion erhält er eine Stelle bei der ›Assicurazioni Generali‹, dann bei der Arbeiter-Unfall-Versicherung, wo er zum Obersekretär aufsteigt. Auch wenn KAFKA immer wieder über seine berufliche Arbeit klagt, erledigt er sie zuverlässig und gewissenhaft. Seine Tage sehen alle gleich aus: Bis zum frühen Nachmittag geht er zur Arbeit, dann schläft er, macht einen kurzen Spaziergang, abends beginnt er zu schreiben, oft bis tief in die Nacht hinein.

Immer wieder versucht KAFKA dem Studium bzw. der Arbeit zu entfliehen. Zu Beginn des Jura-Studiums flieht er nach München, um an der dortigen Universität Germanistik zu studieren, kehrt aber wenige Wochen später wieder nach Prag zurück. **Prag läßt nicht los. Uns beide nicht. Dieses Mütterchen hat Krallen**, heißt es in einem Brief an Oskar Pollack.[26] Später träumt er davon, dass ihm sein Onkel in Madrid zur Flucht verhelfen könnte: **mein Onkel müßte uns einen Posten in Spanien verschaffen oder wir würden nach Südamerika fahren oder auf die Azoren, nach Madeira.**[27] Aber der einzige Ausweg, der ihm bleibt, ist die Literatur: **Ich habe kein literarisches Interesse, sondern bestehe aus Literatur, ich bin nichts anderes und kann nichts anderes sein.**[28]

Das goldene Prag ist für KAFKA ein schönes Gefängnis, dessen Reiz das Gefühl lebenslanger Gefangenschaft nicht überdecken kann. In widersprüchlicher Weise ist die Stadt Behinderung und Nährboden seines Schreibens zugleich. Sie hält ihn mit ihren **Krallen** in einer sozialen und existenziellen Außenseiterposition fest, die zum Erfahrungshintergrund der randständigen Figuren geworden ist, welche seine Texte bevölkern. Da gibt es Varieteekünstler, Akrobaten, Hungerkünstler, eine Mäuse-Sängerin, heimatlose Junggesellen, aus der Familie Verstoßene – und jenen Gregor Samsa, der als Ungeziefer auf dem Abfallhaufen der Geschichte landet. KAFKA schreibt vom Rand, nicht vom Zentrum her. Durch seine Texte zieht sich ein Riss, der die Welt des etablierten Bürgertums, des Besitzes und der Familien von den Besitzlosen, Nomaden und Junggesellen trennt.

Das Außenseiter-Motiv in seinen Texten wird durch die randständige Position genährt, die Kafka in mehrfacher Weise einnahm. Er gehörte der deutschsprachigen Minderheit an, der eine überwältigende Mehrheit von Tschechen (etwa 90 % der Bevölkerung) gegenüberstand. Die nationalistischen Bestrebungen der tschechischen Bevölkerung mündeten 1918 in die Gründung der ersten Tschechischen Republik, welche an die Stelle der österreichisch-ungarischen Monarchie trat und eine jahrhundertelange Fremdherrschaft beendete. Die ethnisch-kulturellen Konflikte verschärften sich zunehmend und kamen in einem Kampf der Sprachen zum Ausdruck:

Tschechische Schulen standen deutschsprachigen Volksschulen und Gymnasien gegenüber und nicht selten kam es zu Prügeleien zwischen Schülern verschiedener Sprachzugehörigkeiten. Bei einer solchen Auseinandersetzung wurde KAFKAS späterer Freund Oskar Baum so sehr verletzt, dass er sein Augenlicht verlor.

KAFKAS minoritäre Situation wurde noch dadurch verschärft, dass er innerhalb der deutschsprachigen Bevölkerung einer jüdischen Minderheit angehörte – also einer Minderheit innerhalb einer Minderheit. Neben antideutschen Übergriffen kam es in Prag seit der Jahrhundertwende verstärkt zu antisemitischen Ausschreitungen, die die Bewohner des jüdischen Ghettos bedrohten. Auch unter der deutschsprachigen Bevölkerung war der Antisemitismus sehr verbreitet. Die deutschen Juden waren somit von zwei Seiten her gefährdet: Die Tschechen befehdeten sie als Deutsche und die Deutschen als Juden.

Zu den kulturellen, ethnischen und politischen Spannungen kam noch das soziale Konfliktfeld, dem KAFKAS Familie ausgesetzt war. KAFKAS Vater stammte aus ärmlichen Verhältnissen, denen er sich durch hartnäckigen Fleiß, Geschäftstüchtigkeit und rücksichtslosen Aufstiegswillen entziehen konnte. Durch Verzicht und Entbehrung, durch harte Arbeit und den Erwerb von Besitz war es ihm möglich, in der sozialen Hierarchie aufzusteigen.

Zugleich musste der Vater jedoch beständig um seine soziale Stellung kämpfen, da sie wesentlich vom Vermögensstatus abhing. Immerhin gelang es Hermann Kafka, sich vom wandernden Hausierer zum Besitzer eines gut gehenden Galanterie- und Kurzwarengeschäftes emporzuarbeiten – ein Erfolg, der nicht zuletzt mit der Vernachlässigung der Kinder bezahlt wurde. In einem Brief an seine Verlobte beschreibt KAFKA die Einsamkeit seiner Kindheit:

> Ich bin der älteste von sechs Geschwistern, zwei Brüder, etwas jünger als ich, starben als kleine Kinder durch Schuld der Ärzte, dann war eine Zeitlang still, ich war das einzige Kind, bis dann nach 4, 5 Jahren die drei Schwes-

tern durch 1, beziehungsweise durch 2 Jahre getrennt anmarschierten. So habe ich sehr lange allein gelebt und mich mit Ammen, alten Kindermädchen, bissigen Köchinnen, traurigen Gouvernanten herumgeschlagen, denn meine Eltern waren doch immerfort im Geschäft. (BrF 193) Der hartnäckige Kampf des Vaters um soziale Anerkennung kommt in den häufigen Wohnungswechseln zum Ausdruck: Bis zum Jahr seiner Einschulung war KAFKA mit seinen Eltern bereits fünfmal umgezogen. Die Qualität der Wohngegend, der Wohnung und der Einrichtungsgegenstände waren wichtige Indikatoren für den sozialen Status einer Familie.

Der geschäftliche Aufstieg der Familie ist in KAFKAS Erinnerung mit einer desaströsen Erziehungspraxis verbunden. Wie Gregor Samsa mehr und mehr auf sein Anderssein zurückgeworfen und aus der Familie ausgesperrt wird, so fühlte sich KAFKA von den elterlichen und schulischen Autoritäten unterdrückt, in seiner Entfaltung behindert und als Person deformiert. Der Vater erscheint ihm im Rückblick als Tyrann, an den er in einer seltsamen Hassliebe gebunden bleibt. In dem *BRIEF AN DEN VATER* berichtet KAFKA von einem traumatischen Erlebnis, das in ihm einen bleibenden **großen Schaden** zurückgelassen habe: In einer Nacht **winselt** der kleine KAFKA beständig um Wasser, woraufhin der Vater ihn auf den Balkon (die **Pawlatsche**) trägt und die Tür hinter sich verschließt. KAFKA kann sich in seiner Erinnerung von dieser übermächtigen Gestalt des Vaters nicht mehr befreien, die sein Selbstwertgefühl völlig zerstört:

> Noch nach Jahren litt ich unter der quälenden Vorstellung, daß der riesige Mann, mein Vater, die letzte Instanz, fast ohne Grund kommen und mich in der Nacht auf die Pawlatsche tragen konnte und daß ich also ein Nichts für ihn war.
> Das war damals ein kleiner Anfang nur, aber dieses mich oft beherrschende Gefühl der Nichtigkeit [...] stammt vielfach von Deinem Einfluß. (Brief an den Vater, 11)

Die Äußerungen KAFKAS zu Erziehung und Schule sind von schonungsloser Radikalität. In Briefen, die er an seine Schwester Elli schreibt, vertritt er die reformpädagogische Ansicht, man müsse das Kind aus dem **Käfig der Erwachsenen** (Br 339) befreien, in dem seine Eigentümlichkeit nur zerstört werde. Denn **Eltern darf man am wenigsten unter allen Menschen die Erziehung der Kinder anvertrauen**, schreibt KAFKA und beruft sich dabei auf Jonathan Swift. (Br 343) Elternhaus und Schule sind für KAFKA Disziplinierungsinstitute, die das Kind zerhämmern und verbiegen: **Das sind, aus Eigennutz geboren, die zwei Erziehungsmittel der Eltern: Tyrannei und Sklaverei in allen Abstufungen,** [...] es sind zwei schreckliche Erziehungsmittel, zwei Antierziehungsmittel, geeignet, das Kind in den Boden, aus dem es kam, zurückzustampfen. (Br 345)

Erziehung ist für KAFKA ein patriarchalisch geprägtes System der Unterdrückung, dessen Machtstrukturen sich von Generation zu Generation weitervererben. Die sozialpsychologische Analyse, die er in einem Brief an Elli aufgrund persönlicher Erfahrungen liefert, folgt den feinen Verästelungen der Macht und der Abhängigkeiten, die er in der Eltern-Kind-Beziehung zu entdecken glaubt:

> Wenn der Vater (bei der Mutter ist es entsprechend) *erzieht*, findet er z.B. in dem Kind Dinge, die er schon in sich gehaßt hat und nicht überwinden konnte und die er jetzt bestimmt zu überwinden hofft, denn das schwache Kind scheint ja mehr in seiner Macht als er selbst, [...] oder er findet z.B. in dem Kind Dinge, die er in sich liebt oder ersehnt und für familiennotwendig hält, dann ist ihm alles andere an dem Kinde gleichgültig, er sieht in dem Kind nur das Geliebte, er hängt sich an das Geliebte, er erniedrigt sich zu seinem Sklaven, er verzehrt es aus Liebe. (Br 345 f.)

Über die Funktionalisierung kindlicher Bedürfnisse, über die Herr-Knecht-Dialektik erzieherischer Maßnahmen ist hier mehr gesagt als in manchen psychologischen oder pädagogischen Traktaten.

KAFKA selbst blieb in die Abhängigkeiten verstrickt, die im Lauf seiner Familiensozialisation entstanden sind. Bis an sein Lebensende wohnte er (von kurzen Unterbrechungen abgesehen) bei den Eltern. Auch wenn er zum Schreiben ein kleines Zimmer im Alchimistengässchen aufsuchte, kehrte er nachts in die elterliche Wohnung zurück, wo er auch meistens sein Essen einnahm. Aus dieser Abhängigkeit hat er sich nie befreit, wie er sich nie von seiner Heimatstadt losreißen konnte.

Sein einziger, lebenslanger Befreiungsversuch war die Literatur, die von den Eltern weitgehend unbeachtet blieb. In ihr konnte er die gesellschaftlichen und familialen Machtstrukturen analysieren, deren Opfer er zu sein glaubte, den Irrwegen nachgehen, die der zivilisierte Mensch gegangen ist, die Bilder einer verwalteten Welt heraufbeschwören, die immer mehr der Totenstarre zu verfallen schien. Für KAFKA war das Schreiben der stets erneuerte Versuch, das Gesetz der Familie zu widerrufen um es in die Freiheit der Kunst zu verwandeln.

2.2 Das Durchbruchsjahr. Zur Entstehungsgeschichte der »Verwandlung«

Am 18. November 1912 schreibt KAFKA an seine Verlobte Felice Bauer:

> Gerade setzte ich mich zu meiner gestrigen Geschichte mit einem unbegrenzten Verlangen, mich in sie auszugießen, deutlich von aller Trostlosigkeit aufgestachelt. Von so vielem bedrängt, über Dich in Ungewissem, gänzlich unfähig, mit dem Bureau auszukommen, angesichts dieses seit einem Tag stillstehenden Romans [*DER VERSCHOLLENE*] mit einem wilden

> Wunsch, die neue, gleichfalls mahnende Geschichte fortzusetzen, seit einigen Tagen und Nächten bedenklich nahe an vollständiger Schlaflosigkeit und noch einiges weniger Wichtige, aber doch Störende und Aufregende im Kopf [...] (BrF 105)

Der Brief markiert eine entscheidende Phase in KAFKAS Leben: seine endgültige Hinwendung zur Literatur. Die Entscheidung für ein Schriftstellerdasein erfolgt im ›Durchbruchsjahr‹ 1912 mit Emphase und innerer Getriebenheit; das Schreiben erscheint wie ein Ventil, durch das sich angestaute Affekte entladen können – eine sexuelle Konnotation ist dabei unverkennbar. Die Erregung, die die Abfassung der VERWANDLUNG begleitet – denn darum handelt es sich bei der **gestrigen Geschichte** –, ist für KAFKAS Produktionsweise insgesamt charakteristisch. Es sind regelrechte Geburten, die sich beim Schreiben ereignen, existenzielle Eruptionen, die KAFKA erschüttern, ihm aber auch einen Ausweg aus der Monotonie seines Prager Alltags eröffnen. Leben und Werk stehen bei ihm in einem besonderen Bedingungsverhältnis – weniger in dem Sinn, dass die Literatur sein Leben widerspiegeln würde, sondern umgekehrt: dass er sein Leben unaufhörlich ins Schreiben aufhebt. Wie der Affe Rotpeter im BERICHT FÜR EINE AKADEMIE einen Ausweg findet, indem er Varieteekünstler wird, so wird KAFKA in fast verzweifelter Radikalität Schriftsteller. Noch ein Jahr vor seinem Tod schreibt er an einen Freund:

> Ich habe inzwischen, nachdem ich durch Wahnsinnszeiten gepeitscht worden bin, zu schreiben angefangen und dieses Schreiben ist mir in einer für jeden Menschen um mich grausamsten [...] Weise das Wichtigste auf Erden, wie etwa einem Irrsinnigen sein Wahn [...] oder wie einer Frau ihre Schwangerschaft.[29]

Immer wieder verwendet KAFKA die Geburtsmetapher, um die existenzielle Bedeutung seines Schreibens zu versinnbildlichen und zugleich die Qual zu betonen, die damit verbunden ist. Über die Erzählung DAS URTEIL (kurz vor der VERWANDLUNG fertig gestellt) schreibt er ins Tagebuch: **die Geschichte ist wie eine regelrechte Geburt mit Schmutz und Schleim bedeckt aus mir herausgekommen**[30]

2.2.1 Kafka und der Expressionismus

KAFKAS Schreibemphase verrät eine Nähe zum expressionistischen Kunstprogramm, nach welchem die Literatur Ausdruckskunst zu sein hat und von der Erlebniswelt des Autors nicht abtrennbar ist. KAFKA hob immer wieder die Ichbezogenheit seiner Dichtung hervor[31] und versah sein ganzes Werk mit autobiografischen Signalen – zugleich ist das Autobiografische jedoch ins Fiktionale verfremdet, bis hin zum Surrealistischen und Absurden.

Thematische und stilistische Affinitäten zu seiner expressionistischen Umgebung sind bei KAFKA offensichtlich größer als lange Zeit angenommen wurde.[32] So ist der Gegensatz von bürgerlicher und künstlerischer Welt geradezu konstitutiv für die Literatur des Expressionismus. Insofern erhält Corngolds Versuch, Gregor mit der isolierten Existenz des Künstlers in Beziehung zu setzen, eine exopoetische Beglaubigung. Der radikale Bruch mit traditionellen Darstellungsweisen, die Erschaffung neuer literarischer Bild- und Sprachwelten gehören zur expressionistischen Programmatik ebenso wie die Vorliebe für Vater-Sohn-Konflikte, die in immer neuen Anläufen literarisch gestaltet werden. Der Affront gegen die bürgerliche Welt spiegelt sich in der Rebellion der Söhne gegen die Väter – einer Rebellion, die sich nicht selten in Gewalttaten der Väter erschöpft.

Dies zeigt sich beispielhaft an WALTER HASENCLEVERS Drama DER SOHN aus dem Jahr 1914, einer Art expressionistischem Verkündigungsstück: Der Sohn lehnt sich gegen die Tyrannei des Vaters auf, der ihn in einen nützlichen Beruf und in die bürgerliche Ordnung hineinzwingen will, ihn schlägt und wie einen Kranken im Zimmer einsperrt. Dem Sohn gelingt die Flucht und in Erkenntnis seiner künstlerischen Anlagen fordert er zur offenen Rebellion gegen die Tyrannei der Familie auf – bis zur Forderung des Vatermords. Doch die Polizei bringt ihn schließlich in Ketten zu seinem Vater zurück, der ihn verflucht und aus seinem Hause verstößt. Thomas Anz hat auf die Motivparallelen zu KAFKAS VERWANDLUNG hingewiesen[33], wenngleich auch die Unterschiede unübersehbar sind. So ist bei KAFKA die Rebellion des Sohnes bis zur Unkenntlichkeit zurückgenommen, ja fast ins Gegenteil verkehrt.

Neben der Vater-Sohn-Thematik gibt es weitere Merkmale, welche die Nähe von KAFKAS Texten zu expressionistischer Literatur erkennen lassen: die untrennbare Verquickung von Leben und Werk[34], die Darstellung einer den Menschen entfremdenden Arbeitswelt, die Traumstruktur, in die die Texte nach realistischen Anfängen einsinken und die sich von naturalistischen Darstellungen grundlegend unterscheidet. KAFKA teilt mit der Expressionistengeneration die Abkehr von klassizistischen Kunstnormen (Wahrscheinlichkeit des Dargestellten, geschlossene Form, geforderte Ästhetisierung des Hässlichen) und wie diese übt er Kritik an den gesellschaftlichen Modernisierungsprozessen, die nach der Technikbegeisterung des 19. Jahrhunderts mit wachsender Skepsis verfolgt werden. Dazu kommt, dass die VERWANDLUNG 1915 im Oktoberheft der expressionistischen Zeitschrift **Die weißen Blätter** veröffentlicht wurde. Nur einen Monat später erschien der Text auch als Einzeldruck in der expressionistischen Reihe DER JÜNGSTE TAG, die vom Kurt Wolff Verlag in Leipzig herausgegeben wurde. Diesem Verlag lag weniger an der Publikation einzelner Texte, er wollte vielmehr Werke von Autoren, besonders jungen Schriftstellern, verlegen, die an der Literaturrevolution des Expressionismus Anteil hatten. Dass KAFKA dem Herausgeber Kurt Wolff seine Texte überließ, bedeutete eine lebenslange Bindung: Alle seine Texte, mit Ausnahme des letzten Erzählbandes *DER HUNGERKÜNSTLER*, wurden im Kurt Wolff Verlag publiziert. Diese Tatsache war ein entscheidender Grund für KAFKAS frühe Zuordnung zum Expressionismus und wahrscheinlich hätte sich der Autor nicht für den Leipziger Verlag entschieden, wenn er nicht zumindest eine gewisse Affinität zur expressionistischen Literatur verspürt hätte. Daran ändert auch die Feststellung nichts, dass KAFKA den Werbungen expressionistischer Autoren eher reserviert gegenüberstand und sich keiner Gruppe zugehörig fühlte.[35] Die expressionistischen Autoren – wie Franz Werfel, Max Brod, Georg Heym, Georg Trakl, Gottfried Benn – bildeten selbst keine einheitliche Bewegung, sie fühlten sich vor allem durch die Ablehnung der Tradition, ihr Rebellentum und ihren Innovationsgeist miteinander verbunden.

Das Befreiungspathos, die Beschwörung eines neuen Menschen und einer neuen Gesellschaft waren KAFKA jedoch fremd. Seine Sprache trägt ihr eigenes Gepräge und ist mit der oft überfrachteten, manchmal schwülstigen Ausdrucksweise der Expressionisten nicht vergleichbar. Sein klarer Stil und die meist einfache und vollständige Syntax entfernen sich von dem affektiven Sprachduktus expressionistischer Autoren. KAFKA hat seine eigene Literatursprache entwickelt, die nicht mit Eindeutigkeit einer Stilrichtung zugeordnet werden kann.

2.2.2 *Die Entstehungsbedingungen*

Bei wenigen Werken sind die Umstände der Entstehung so gut dokumentiert wie bei KAFKAS *VERWANDLUNG*: KAFKA kommentierte sein Schreiben fortlaufend im Tagebuch und in den Briefen an seine Braut Felice Bauer. Am 17. November 1912 wird in einem Brief die Erzählung zum ersten Mal gegenüber der Verlobten erwähnt: **Ich werde dir übrigens heute wohl noch schreiben, wenn ich auch noch heute viel herumlaufen muß und eine kleine Geschichte niederschreiben werde, die mir in dem Jammer im Bett eingefallen ist** [...]. (BrF 102) Auffällig hieran ist zweierlei: einmal die Entstehungssituation im Bett, die sich auch als Ausgangssituation der Erzählung erweist. KAFKA verwandelt also bedrängende Erfahrungen in Literatur (**Jammer im Bett**); er schreibt diese Erfahrungen ins Fantastische um, rückt sie auf diese Weise von sich weg und kann sich trotzdem – oder gerade deswegen – in die Geschichte **ausgießen**. KAFKA betont ausdrücklich die Befreiung, die das Schreiben für ihn bedeutet, und er entschuldigt damit die **grenzenlose** Ekelhaftigkeit der Geschichte:

Sei darüber nicht traurig, denn, wer weiß, je mehr ich schreibe und je mehr ich mich befreie, desto reiner und würdiger werde ich vielleicht für Dich, aber sicher ist noch vieles aus mir hinauszuwerfen und die Nächte können gar nicht lang genug sein für dieses übrigens äußerst wollüstige Geschäft. (24. November 1912, BrF 117)

Offensichtlich hat das Schreiben für KAFKA eine kathartische Funktion, wobei sich die Reinigung der Gefühle zugleich mit ›Wollust‹ verbindet.

Zum anderen wird deutlich, dass zunächst nur eine **kleine Geschichte** ohne Kapiteleinteilung geplant war, die sich dann aber immer mehr auswuchs und schließlich drei Kapitel umfasste. Sie ist am Ende so umfangreich geworden, dass KAFKA bei dem ersten Publikationsversuch nahe gelegt wird, den Text um ein Drittel zu kürzen.[36]

Die Arbeit am ersten Kapitel wird von einem regelrechten Gefühlsüberschwang begleitet. Beim zweiten Kapitel gerät das Schreiben jedoch ins Stocken, die Angst, von Felice verlassen zu werden, stürzt ihn in eine schwere Krise. Dazu kommen Arbeitsunterbrechungen, die durch eine **verdammte** Geschäftsreise bedingt sind. KAFKA beklagt sich bitter über seine Lebensumstände, die ihn immer wieder an kontinuierlicher kreativer Arbeit hindern. Die ermüdende, monotone Büroarbeit als Versicherungsangestellter und die Abhängigkeit von den Eltern, die für seine schriftstellerische Tätigkeit kein Verständnis aufbringen, rufen in ihm beständig Gefühle des Versagens und der Unzufriedenheit mit seinem Leben hervor: **ich selbst, ich mit den gestaltenden Kräften, die ich in mir fühle, ganz abgesehen von ihrer Stärke und Ausdauer, hätte bei günstigern Lebensumständen eine reinere, schlagendere, organisiertere Arbeit fertiggebracht, als die, die jetzt vorliegt.** (5./6. Dezember 1912, BrF 160)

Während der Abfassung des dritten Kapitels schreibt KAFKA an Felice, er sei jetzt endlich **ins Feuer geraten** (BrF 147). Die Geschichte wird nun in der dritten Woche zu Ende geführt, freilich zu einem Ende, mit dem KAFKA nicht zufrieden ist – zwei Jahre später hält er es sogar für **unvollkommen fast bis in den Grund** (T 256). Diese starken Stimmungsschwankungen während der Abfassungszeit sind zum Teil durch äußere Umstände bedingt (Ausbleiben von Felices Briefen, Geschäftsreise), es ist aber auch denkbar, dass sie mit den Kapitelinhalten selbst zu tun haben. Auffällig ist besonders der Stimmungsabfall beim Schreiben des zweiten Kapitels. Mehr als Hypothesen lassen sich hierzu nicht formulieren. Das zweite Kapitel enthält, wie die neuere Forschung gezeigt hat, einen deutlichen intertextuellen Bezug zu Sacher-Masochs Roman *VENUS IM PELZ* (vgl. 4.8.5). Gregor wehrt sich leidenschaftlich gegen die Abnahme des Bildes mit der **in lauter Pelzwerk gekleideten Dame**, an das er sich presst und das **seinem heißen Bauch wohltat** (39). Wenn in diesem Kapitel tatsächlich ein **erogener Masochis-**

mus literarisch gestaltet ist, ließe sich die Schreibunlust mit der Bedrohlichkeit dieses Inhalts erklären. Das Ende des zweiten Kapitels enthält überdies die Beobachtung einer Urszene (der **gänzlichen Vereinigung** der Eltern), die gemäß psychoanalytischer Theorie mit den stärksten Kräften der Verdrängung belegt wird.

Es ist im Übrigen auffällig, dass das zweite Kapitel nur wenig komische Elemente enthält, im Unterschied zum ersten und dritten Kapitel, die vielerlei Lachanlässe bereithalten. Die Komik des Textes, die man bei der ersten Lektüre leicht übersieht, wird durch KAFKAS Reaktion beim Vorlesen eindringlich bestätigt: **Ein schöner Abend bei Max. Ich las mich an meiner Geschichte in Raserei. Wir haben es uns dann wohl sein lassen und viel gelacht.** (BrF 320) Die **Raserei** des Vorlesens verbindet sich hier mit einem befreienden Lachen, die Unheimlichkeit der Geschichte wird im Komischen aufgehoben. Die Briefstelle belegt KAFKAS oft übersehene Fähigkeit, die Tragik des Lebens in Komik zu verwandeln – eine Form der Verwandlung, die mit dem Titel der Erzählung vielleicht mitgemeint ist.

3 Kafka und die Geschichte der Subjektivität

3.1 Das Verschwinden des Subjekts

Die VERWANDLUNG ist die Geschichte einer schrittweisen Auslöschung, die am Ende fast einer Selbstauslöschung gleicht: **Seine Meinung darüber, daß er verschwinden müsse, war womöglich noch entschiedener als die seiner Schwester.** (59) Wenn die Söhne in expressionistischen Texten ihren Zorn in die Welt hinausschreien, sich gegen die Väter auflehnen oder sogar zum Vatermord aufrufen, so ist KAFKAS ›Helden‹ ein solches Rebellentum weitgehend fremd. Die Machtlosigkeit und das Verschwinden des Subjekts sind die Themen, um die seine Texte immer wieder kreisen.

In der Erzählung DER STEUERMANN wird der Ich-Erzähler von einem geheimnisvollen, kräftigen Mann vom Steuer eines Schiffes verdrängt und zu Boden geworfen. Hilflos muss er seinen Platz räumen, auch die zu Hilfe gerufenen Kameraden stehen ihm nicht bei. In der Geschichte vom HUNGERKÜNSTLER hungert sich ein Individuum selbst zu Tode und wird am Ende vom Stroh des Käfigs überdeckt, in dem es zur Schau gestellt war; das Verschwinden ist hier auch optisch wahrnehmbar. Die drei unter dem Titel DIE SÖHNE veröffentlichten Erzählungen handeln von der Machtlosigkeit der Kinder, die von ihren Eltern verstoßen oder in den Tod getrieben werden. Karl Roßmann (DER HEIZER) wird sechzehnjährig von seinen Eltern vertrieben und nach Amerika geschickt, weil er sich von einem Dienstmädchen verführen ließ. Georg Bendemann (DAS URTEIL) vollzieht am Ende selbst das Todesurteil, das der Vater über ihn gesprochen hat; er ertränkt sich im Fluss, ist Henker und Opfer zugleich. Gregor Samsa verwandelt sich in ein **Ungeziefer** und katapultiert sich dadurch aus dem menschlichen Gattungszusammenhang hinaus – der Anfang nimmt das Ende, die Ausstoßung aus der Familie, vorweg. In den drei Romanen, die KAFKA geschrieben hat, wird das sukzessive Verschwinden der Hauptfigur durch den Abbau des Namens vorgeführt: Von Karl Roßmann im ersten Roman (DER VERSCHOLLENE) führt der Weg zu Josef K. Im PROCESS, bis schließlich der Name der Hauptfigur im letzten Roman (DAS SCHLOSS) auf einen einzigen Buchstaben reduziert ist: K.

In solchen literarischen Fantasien wird der Versuch der abendländischen Kultur ad absurdum geführt, das Individuum als selbstbestimmtes und autonomes zu beglaubigen. KAFKAS Figuren kämpfen zwar um ihre Eigenständigkeit und gesellschaftliche Anerkennung, aber die Texte münden fast alle in das Eingeständnis ihrer Machtlosigkeit; sie inszenieren das

Verschwinden des Subjekts, nicht dessen Rettung und Integration. Sie beschreiben die Unmöglichkeit, sich aus den familialen, institutionellen, gesellschaftlichen und metaphysischen Zwängen zu befreien.

Implizit übt KAFKA damit Kritik an der bürgerlichen Ideologie, die sich als unfähig erwies die Ideale der Aufklärung einzulösen. Zum erklärten Programm der europäischen Aufklärung gehörte der Anspruch, den Menschen aus seiner **selbstverschuldeten Unmündigkeit** (Kant) herauszuführen, ihm zu Selbstbestimmung und Autonomie zu verhelfen. Dass dieses aufklärerische Projekt sich ins Gegenteil verkehrte, dass sich der (moderne) Mensch im technologischen Fortschritt, in der Anonymität der Großstädte, im Gestrüpp bürokratischer Administrationen wieder verlor, zeigen die Texte KAFKAS in grotesken, absurden, surrealistischen Szenerien.

3.2 Die Geschichte der Subjektivität

KAFKA ironisiert damit eine jahrhundertealte Denkgeschichte, die in dem aufklärerischen Anspruch der Selbstbefreiung des Menschen gipfelte. Diese Geschichte hat ihre antiken Anfänge in den Schriften des ARISTOTELES, in denen die Grundlage des heutigen Subjektbegriffs zu suchen ist. Das Subjekt wird von ARISTOTELES bestimmt als das dem Erkenntnisprozess und allen Veränderungen Zugrundeliegende (griech. hypokeímenon, lat. subiectum), als das Substrat im Wechselspiel der Erscheinungen. Das Subjekt ist somit unveränderlicher Träger veränderlicher Eigenschaften, die Substanz in allem Akzidentellen; es allein ist dazu fähig, die Mannigfaltigkeit der Erscheinungen zur Ganzheit zu integrieren.

Diese Auffassung des Subjekts als Substanz (schon die identischen Vorsilben der beiden Begriffe verweisen auf die analoge Vorstellung eines *Zugrundeliegenden*) bestimmt die Geschichte des Denkens über Jahrhunderte hinweg, bevor sie sich in der Moderne abschwächt und schließlich – in unserer Zeit – weitgehend verabschiedet.

Zuletzt war es die Philosophie des Idealismus, die dem Subjekt Substanzialität zusprach und das Ich zur absoluten Bastion des Wissens und der Erkenntnis erhob. Die Grundlage dafür wurde in der cartesianischen Philosophie gelegt. DESCARTES verband mit seinem Fundamentalsatz **Ich denke, also bin ich** die Behauptung, dass einzig die Selbstgewissheit des Ich eine sichere Basis der Erkenntnis abgeben könne: An allem kann ich zweifeln, nur nicht an dem Akt meines Denkens selbst, den ich auch im Bezweifeln nochmals bestätige. Die Selbstgewissheit des Ich ist für Descartes die allererste und sicherste aller Erkenntnisse.[37] Das Ich ist hier zum archimedischen Punkt des Denkens geworden, sogar zur Basis alles Existierenden. Mit DESCARTES' Philosophie geht allerdings auch eine Aufspaltung in Subjekt und Objekt einher, die dem Menschen nicht zuletzt die rationale und technische Beherrschung der Welt, insbesondere der Natur, ermöglichte. Das Ich als Subjekt liegt allen denkenden und wahrnehmenden Vollzügen als letzte Einheit zugrunde – alles andere ist Nicht-Subjekt oder Un-Subjekt. Natur wird in ihrer Mannigfaltigkeit unterwerfbar und beherrschbar.

Die einseitige Dominanz des Subjekts, das sich als Substanz begreift und sich selbst absolut setzt, tritt bei HEGEL in besonderer Weise ins Licht. HEGEL verstand sich denn auch als Ende und Vollendung des deutschen Idealismus. In seiner Vorrede zur *PHÄNOMENOLOGIE DES GEISTES* heißt es: **daß die Substanz wesentlich Subjekt ist, ist in der Vorstellung ausgedrückt, welche das Absolute als *Geist* ausspricht [...]. Das Geistige allein ist das *Wirkliche*, es ist das Wesen oder *Ansichseiende*.**[38]

Einer solchen Privilegierung und Verabsolutierung des Subjekts als Geist stehen unterschiedliche Denkrichtungen entgegen, z.B. die Auffassung der französischen Materialisten, die das Geistige (auch das menschliche Selbstbewusstsein) auf materielle Phänomene zurückführen. Aber auch die Philosophie SCHOPENHAUERS steht dazu im Kontrast, wenn sie den *Leib* als Grund des Selbstbewusstseins betrachtet und dessen Selbsterhaltungsmechanismus (den Trieb, den **Willen**) zum Urgrund des Daseins erklärt. Dieser **Wille** wird im Subjekt ins Bewusstsein gehoben, sodass sich mit der Triebhaftigkeit des Willens Erkenntnis und Rationalität (**Vorstellung**) verbinden. Diese Verquickung von Realismus und Idealismus in SCHOPENHAUERS Philosophie des Leibes wird NIETZSCHE konsequent verwerfen, wie er auch das absolute Subjekt als philosophische Fiktion verwarf und die Zweiweltentheorie der Religion und des Platonismus als **priesterlichen Herrschaftswillen** denunzierte. In Anlehnung an SCHOPENHAUER entdeckt NIETZSCHE hinter allen menschlichen Bestrebungen einen urtümlichen Willen, den **Willen zur Macht**, der aber im Unterschied zu SCHOPENHAUER nicht mehr als *subiectum*, als ein der Mannigfaltigkeit des Seins zugrunde liegendes einheitsstiftendes Prinzip verstanden wird, sondern als Ausdruck dieser unendlichen Mannigfaltigkeit selbst.

Unter dem Einfluss NIETZSCHES gerät die letzte metaphysische Bastion, die Metaphysik des absoluten Ich, an der Schwelle zum 20. Jahrhundert in eine tiefe Krise. Der Zusammenbruch des deutschen Idealismus wird als Destruktionsbewegung erfahren und mündet in die Einsicht, dass weder die Welt noch das Ich als Halt und Orientierungspunkte angesehen werden können. Diese Krise des Subjekts bestimmt die Wende zum 20. Jahrhundert; sie äußert sich in unterschiedlichen Phänomenen und literarischen Strömungen, die vor allem im Umkreis der Wiener Moderne wie in einem Brennpunkt zusammenlaufen. HERMANN BAHR, HUGO VON HOFMANNSTHAL, ARTHUR SCHNITZLER und RICHARD BEER-HOFMANN stehen alle unter dem direkten oder indirekten Einfluss NIETZSCHES, der wie kaum ein anderer das moderne Bewusstsein geprägt hat und von vielen sogar als Vorläufer des postmodernen Denkens verstanden wurde.

Schon 1886 vertrat Ernst Mach in seiner Untersuchung BEITRÄGE ZUR ANALYSE DER EMPFINDUNGEN die These, dass das Ich unrettbar sei – eine Behauptung, die der substanzialistischen Subjektauffassung des Idealismus geradewegs widersprach. Die *Entsubstanzialisierung* des Ich, die hier schonungslos betrieben wird, beschreibt Hermann Bahr in seinem Aufsatz DAS UNRETTBARE ICH folgendermaßen:

> Hier [bei Ernst Mach, J. P.] habe ich ausgesprochen gefunden, was mich die ganzen drei Jahre quält: ›Das Ich ist unrettbar.‹ Es ist nur ein Name. Es ist nur eine Illusion. Es ist ein Behelf, um unsere Vorstellungen zu ordnen. Es gibt nichts als Verbindungen von Farben, Tönen, Wärmen, Drücken, Räumen, Zeiten, und an diese Verknüpfungen sind Stimmungen, Gefühle und Willen gebunden. Alles ist in ewiger Veränderung. Wenn wir von Kontinuität oder Beständigkeit sprechen, so ist es nur, weil manche Änderung langsamer geschieht. Die Welt wird unablässig und indem sie wird, vernichtet sie sich unablässig. Es gibt aber nichts als dieses Werden. Es gibt kein Ding, das zurückbleiben würde, wenn man die Farben, Töne, Wärmen von ihm abzieht. [...] Nur um uns vorläufig zu orientieren, sprechen wir von *Körpern* und sprechen vom *Ich* [...][39]

Zugleich mit solchen impressionistischen Auffassungen entsteht in Wien die Psychoanalyse, die das Ich nicht mehr als Einheit, sondern als Austragungsort unterschiedlicher, zum Teil widersprüchlicher Strebungen beschreibt. Die Entdeckung des Unbewussten (das natürlich schon vorher, vor allem in der Literatur, entdeckt, aber noch nicht begrifflich erfasst war) erschließt einen Bereich im Menschen, der dem Bewusstsein und seiner Kontrolle entzogen ist. SIGMUND FREUD bestimmt diesen Kontrollverlust, der dem aufklärerischen Autonomieanspruch widerstrebt, als Kränkung des menschlichen Selbstbewusstseins: **Die dritte und empfindlichste Kränkung aber soll die menschliche Größensucht durch die heutige psychologische Forschung erfahren, welche dem Ich nachweisen will, daß es nicht einmal Herr ist im eigenen Hause.**[40]

Diese Infragestellung eines einheitlichen, mit sich selbst identischen (oder sogar autonomen) Subjekts verstärkt sich in der zweiten Hälfte des 20. Jahrhunderts dahingehend, dass nun der Begriff des Subjekts überhaupt problematisiert und in letzter Konsequenz verworfen wird: Das Ich erscheint als illusionäres Gebilde, das sich lediglich über eine Reihe von Identifikationen konstituiert (strukturale Psychoanalyse) oder sich als Kreuzungspunkt unterschiedlicher Diskurse erweist (Diskursanalyse). Die grundlegenden Konzepte von Autor, Autorinstanz, Künstlersubjekt, schöpferischem Individuum werden nun verabschiedet. Autoren wie MICHEL FOUCAULT verkünden den **Tod des Subjekts**, verstehen dies jedoch nicht als

Verlust oder Verarmung, sondern als Befreiung von einer Illusion, die das Ich vielfältigen Zwängen unterwarf und zugleich die Macht verschleierte, die die Sprache (**Diskurse**) ausübte.

Wichtig ist jedoch, dass sich im bürgerlichen Individuum des 19. Jahrhunderts der Absolutheitsanspruch des Ich weiterhin behauptet – in der Fortschrittsgläubigkeit, in der wirtschaftlichen Durchsetzungsfähigkeit, im Siegeszug des wissenschaftlichen Menschen. Der Aufstieg des Individualismus, in dem der Einzelne sich seiner autonomen Kräfte zu versichern sucht, ist eines der entscheidenden Phänomene der Jahrhundertwende.

Diese bürgerliche Selbstbehauptung vollzog sich fern aller philosophischen Infragestellung über die Systeme des Ökonomischen, des Rechts, der familialen Ordnung und der Genealogie – also der Bereiche, die in KAFKAS Texten eine besondere Rolle spielen. Die Hauptfiguren in KAFKAS Texten sind diesen Begründungsdispositiven entzogen. Während NIETZSCHE der Infragestellung des Subjekts durch den **Willen zur Macht** begegnete, verwarf KAFKA eine solch heroische Position – seinen Texten ist eher ein Wille zur Ohnmacht eingeschrieben. Seine Figuren kämpfen zwar um ihre Eigenständigkeit und gesellschaftliche Anerkennung, aber die Texte münden fast alle in das Eingeständnis ihrer Machtlosigkeit, sie inszenieren ihr Scheitern und die Unmöglichkeit sich von gesellschaftlichen und familialen Zwängen zu befreien. Während die literarischen Figuren in anderen Texten auf ihre Selbsterhaltung ausgerichtet sind und ihre soziale Identität auch und gerade da einklagen, wo sie als gefährdet oder gescheitert erfahren wird, setzen KAFKAS Subjekte sich selbst aufs Spiel und inszenieren ihre Auflösung, ihr völliges Verschwinden.

Wer durch plötzliche unbegreifliche Veränderungen, durch Schläge des Schicksals, durch Pochen an das Haustor oder durch mysteriöse Anklagen aus der Selbstverständlichkeit der bürgerlichen Ordnung gerissen wird, gerät auf eine Reise ohne Ende und gelangt an kein Ziel mehr, in dem er sich bergen könnte. Ihm wird auf einmal der Boden unter den Füßen weggezogen und all seine Versuche, Gründe und Begründungen für seine Ausschließung, sein Anderssein, seine Schuld oder seine Heimatlosigkeit zu finden, bleiben ohne Antwort.

Indem KAFKA aber die Machtlosigkeit seiner Figuren darstellt, ihren Ausschluss aus dem Spiel gesellschaftlicher Subjektbegründung, ihre Hilflosigkeit und ihr Scheitern, stellt er die Macht der Starken, der Väter, der reichen Verwandten, Advokaten und Richter in Frage. Denn die Absurdität, in die KAFKAS Figuren hineingeworfen sind, ist nie nur die Absurdität einer in sich sinnlosen Welt, wie etwa in den Theaterstücken von Beckett oder Ionesco. Die Absurdität ist immer eingebettet in ein Geflecht gesellschaftlicher Beziehungen: Es gibt Söhne und Väter, Neffen und Onkel, Angeklagte und Richter, Dienstmädchen, Lehrer und Polizisten, Prokuristen und Angestellte. Am Ende bleibt den Unterdrückten, Besitzlosen, den Hungerkünstlern, Akrobaten und Söhnen nur das Verschwinden: die ungeheuere Reise oder, wie im Fall Gregor Samsas, die Verwandlung und der Tod.

4 Interpretationsvorgaben zur »Verwandlung«

4.1 Der Beginn der Erzählung
4.1.1 Merkwürdigkeiten des Anfangs

Der berühmte Erzählanfang der VERWANDLUNG versetzt den Leser/die Leserin ohne Vorbereitung ins Außergewöhnliche und Unvertraute: **Als Gregor Samsa eines Morgens aus unruhigen Träumen erwachte, fand er sich in seinem Bett zu einem ungeheueren Ungeziefer verwandelt.** (5) Wie Gregor selbst wird der Leser durch diesen Beginn überrascht und ins Unheimliche hineingestoßen. Nähere Umstände, eine Exposition der Handlung oder der Personen liefert der Text nicht. Im Unterschied zum novellistischen Erzählen, wo der Gipfelpunkt der Handlung (nach dem Schema des klassischen Dramas) häufig durch langsame Steigerung erreicht wird, ist hier der Einbruch des Außergewöhnlichen schon im ersten Satz vorweggenommen.

KAFKA liebt diese ›heißen‹ Anfänge, er konstruiert sie in immer neuen Variationen: **Jemand mußte Josef K. verleumdet haben, denn ohne daß er etwas Böses getan hätte, wurde er eines Morgens verhaftet.**, so beginnt der PROCESS-Roman (P 9). Am Beginn des Amerika-Romans DER VERSCHOLLENE wird ein junger Mann von seinen Eltern verstoßen und in die Fremde geschickt:

> Als der sechzehnjährige Karl Roßmann, der von seinen armen Eltern nach Amerika geschickt worden war, weil ihn ein Dienstmädchen verführt und ein Kind von ihm bekommen hatte, in dem schon langsam gewordenen Schiff in den Hafen von New York einfuhr, erblickte er die schon längst beobachtete Statue der Freiheitsgöttin wie in einem plötzlich stärker gewordenen Sonnenlicht. (V 9)

Oft erzeugt gleich der erste Satz eine Spannung, in der sich ein Rätsel verbirgt, das auf seine (vergebliche) Auflösung wartet:

> Ein Trapezkünstler – bekanntlich ist diese hoch in den Kuppeln der großen Varietébühnen ausgeübte Kunst eine der schwierigsten unter allen, Menschen erreichbaren – hatte, zuerst nur aus dem Streben nach Vervollkommnung, später auch aus tyrannisch gewordener Gewohnheit sein Leben derart eingerichtet, daß er […] Tag und Nacht auf dem Trapez blieb. (Erstes Leid, E 181)

Immer wieder steht ein außergewöhnliches Ereignis am Anfang, das in die gewohnten Lebensabläufe einbricht:

> Ich war in großer Verlegenheit: eine dringende Reise stand mir bevor; ein Schwerkranker wartete auf mich in einem zehn Meilen entfernten Dorfe; starkes Schneegestöber füllte den weiten Raum zwischen mir und ihm [...].
> (*Ein Landarzt*, E 112)

In solchen Erzählanfängen findet sich ein Mensch unvermittelt einem Geschehen ausgeliefert, das ihn aus den gewohnten Bahnen der Alltagsroutine wirft. Keine aufklärende Reflexion und kein distanzierender Kommentar begleiten diese Veränderungen. Auch wenn im Verlauf der Erzählung Elemente einer näheren Situationsanalyse geliefert werden – die Unbegreiflichkeit des Anfangs bleibt bestehen. Sie erscheint als Signatur einer Welt, die ihre Überschaubarkeit und ihre rationalen Zusammenhänge verloren hat. KAFKA steht hier nicht nur in der Nachbarschaft zur **irrationalistischen** Moderne (vor allem expressionistischer Autoren),[41] sondern auch zu einem älteren Vorbild: HEINRICH VON KLEIST.

Bei KLEIST finden sich wie bei keinem anderen Autor Erzählanfänge als Schockerfahrungen, die den Leser wie Eruptionen überfallen:

> In St. Jago, der Hauptstadt des Königreichs Chili, stand gerade in dem Augenblicke der großen Erderschütterung vom Jahre 1647, bei welcher viele tausend Menschen ihren Untergang fanden, ein junger, auf ein Verbrechen angeklagter Spanier, namens Jeronimo Rugera, an einem Pfeiler des Gefängnisses, in welchen man ihn eingesperrt hatte, und wollte sich erhenken.[42]

So beginnt das *Erdbeben in Chili*. In der *Marquise von O...* wird ein außergewöhnliches, rätselhaftes Ereignis abrupt an den Anfang gestellt:

> In M..., einer bedeutenden Stadt im oberen Italien, ließ die verwitwete Marquise von O..., eine Dame von vortrefflichem Ruf, und Mutter von mehreren wohlerzogenen Kindern, durch die Zeitungen bekannt machen: daß sie, ohne ihr Wissen, in andre Umstände gekommen sei, daß der Vater zu dem Kinde, das sie gebären würde, sich melden solle; und daß sie, aus Familienrücksichten, entschlossen wäre, ihn zu heiraten.[43]

Erzähltechnisch wird hier gleich zu Beginn ein Spannungsmoment aufgebaut, das hohe Ansprüche an die Kunst des Erzählens stellt: Der Erzähler muss nämlich im weiteren Verlauf dafür Sorge tragen, dass die anfängliche Spannung nicht zu früh nachlässt, sondern bis zum Ende erhalten bleibt.

Die Plötzlichkeit des Schreckens, die den Beginn der *Verwandlung* kennzeichnet, wird durch syntaktische Auffälligkeiten noch verstärkt; durch immer neue Einschübe wird der Erzählfluss unterbrochen und aufgestaut:

> Er lag auf seinem panzerartigen harten Rücken und sah [...] seinen gewölbten, braunen, von bogenförmigen Versteifungen geteilten Bauch, auf dessen Höhe sich die Bettdecke, zum gänzlichen Niedergleiten bereit, kaum noch erhalten konnte. Seine vielen, im Vergleich zu seinem sonstigen Umfang kläglich dünnen Beine flimmerten ihm hilflos vor den Augen. (5)

Expressivität verbindet sich hier mit sachlich genauer Beschreibung, wie Ulf Abraham festgestellt hat[44] – Nähe und Distanz zum expressionistischen Schreiben sind gleichzeitig erkennbar. Dass das aufstauende Schreiben zum Stilmerkmal KAFKAS geworden ist, zeigt der Erzählbeginn von AUF DER GALERIE mit exzessiver Deutlichkeit:

> Wenn irgendeine hinfällige, lungensüchtige Kunstreiterin in der Manege auf schwankendem Pferd vor einem unermüdlichen Publikum vom peitschenschwingenden erbarmungslosen Chef monatelang ohne Unterbrechung im Kreise rundum getrieben würde, auf dem Pferde schwirrend, Küsse werfend, in der Taille sich wiegend, und wenn dieses Spiel unter dem nichtaussetzenden Brausen des Orchesters und der Ventilatoren in die immerfort weiter sich öffnende graue Zukunft sich fortsetzte, begleitet vom vergehenden und neu anschwellenden Beifallsklatschen der Hände, die eigentlich Dampfhämmer sind […]. (E 117)

Der Erzähler scheint hier von Einfällen und Assoziationen getrieben, die kein Ende nehmen wollen und den syntaktischen Zusammenhalt des Satzes fast auflösen – allerdings bleibt die Satzstruktur bei KAFKA letzten Endes immer erhalten. Solche Beispiele erinnern auf den ersten Blick an das **automatische Schreiben** der Surrealisten, die das freie Spiel der Gedanken und Assoziationen zum Programm erhoben haben, um dem Unbewussten Ausdruck zu verschaffen. Die große Präzision und Sachlichkeit, die KAFKAS Texte auszeichnen, stehen zu dieser surrealistischen Technik jedoch im Gegensatz. KAFKA lässt sich – dies gilt auch in diesem Zusammenhang – nicht einfach einer Stilrichtung zuordnen; er hat seine eigene, unverkennbare Sprache entwickelt.

4.1.2 Das Erwachen

Die VERWANDLUNG beginnt mit dem Erwachen Gregors. Dieser Anfang ist in der Zone zwischen Traum und Wachen, zwischen Unbewusstem und Bewusstem angesiedelt – einem Zustand, in dem sich die Wahrnehmungsbereiche auf seltsame Weise vermischen. Wir alle kennen diesen Zustand, in dem wir uns fragen, ob das Geträumte der Wirklichkeit angehört, oder ob sich die Wirklichkeit durch den Traum in ihrer Bedeutung verändert hat. In Traumtheorien wurde immer wieder versucht, die Logik des Traums oder des Tagtraums zu erforschen und seine Bedeutung für den Wachzustand zu enthüllen. SIGMUND FREUD sah im Traum und in der Traumdeutung einen **Königsweg** zum Unbewussten – also eine Möglichkeit das fremde Land der Seele kennen zu lernen und die aus dem Bewusstsein verdrängten Vorstellungen ins Bewusstsein zu heben. Immer wieder haben sich Schriftsteller diesem eigenartigen Zwischenzustand zugewendet, in dem sich die Wahrnehmungsstrukturen des Bewusstseins lockern und durchlässig werden für die Bereiche der Fantasie und des Traums und in dem begriffliches Denken und bildhafte Vorstellungen ineinander übergehen.

PROUSTS großes Romanwerk AUF DER SUCHE NACH DER VERLORENEN ZEIT beginnt mit einer langen Passage, die die Grenzzone von Wachen und Schlafen zum Gegenstand hat. Der Icherzähler beschreibt darin den Zustand, der unmittelbar dem Einschlafen vorausgeht, und das folgende Aufwachen und Wiedereinschlafen – in diesem Übergangszustand einer intensivierten Wahrnehmung verwandelt sich das Subjekt zeitweise selbst in die Gebilde der Fantasie und eignet sich Bruchstücke verlorener Erinnerungen an (Mat. 8).

Bei KAFKA sind die Textanfänge häufig in dieser Zwischenzone angesiedelt. Gleich zu Beginn des SCHLOSS-Romans legt sich K. nieder, schläft ein, wird um Mitternacht zu einem Verhör geweckt, schläft nach merkwürdigen Gesprächen mithilfe eines Schlaftrunks wieder ein, bis er – nach einem Schlaf, den nur vorüberhuschende Ratten flüchtig stören – am Morgen wieder erwacht. Josef K. im PROCESS-Roman wird noch unangezogen aus dem Bett heraus verhaftet: Der Beginn dieses Romans ist ebenfalls in den Übergangsbereich von Schlafen und Wachen angesiedelt. In einer vom Autor gestrichenen Stelle des Textes heißt es, der Augenblick des Erwachens sei der riskanteste Augenblick des Tages, da sich nach dem Aufwachen alles verändert haben könnte:

> Jemand sagte mir – ich kann mich nicht mehr erinnern, wer es gewesen ist –, daß es doch wunderbar sei, daß man, wenn man früh aufwacht, wenigstens im allgemeinen alles unverrückt an der gleichen Stelle findet, wie es am Abend gewesen ist. Man ist doch im Schlaf und im Traum wenigstens scheinbar in einem vom Wachen wesentlich verschiedenen Zustand gewesen, und es gehört, wie jener Mann ganz richtig sagte, eine unendliche Geistesgegenwart oder besser Schlagfertigkeit dazu, um mit dem Augenöffnen alles, was da ist, gewissermaßen an der gleichen Stelle zu fassen, an der man es am Abend losgelassen hat. Darum sei auch der Augenblick des Erwachens der riskanteste Augenblick am Tag [...]. (Pr 217)

Für Gregor hat sich mit dem Aufwachen alles verändert. Die **unruhigen Träume**, die ihn heimgesucht haben, sind kein vom übrigen Leben abgespaltener Bereich mehr, sondern ein konstitutiver Bestandteil der veränderten Wirklichkeit.

Insofern erscheint es problematisch, die Transformation Gregors zum **Ungeziefer** einfach der Traumwelt zuzuschlagen, was in Interpretationen häufig gemacht wurde.[45] Der Übergangsbereich ist der Bereich einer erweiterten Wahrnehmung, nicht der einer traumhaften Illusion. Gregor findet alle Gegenstände seines Zimmers unverrückt an der alten Stelle wieder. Wie ein Kameraauge, sozusagen mit dessen objektivierendem Blick, wandert er die Dinge ab, die ihn umgeben. Alles ist, wie es vorher war, und doch ist alles verändert. So erfolgt, in der Form der erlebten Rede, die Versicherung: **Es war kein Traum.** (4)

Zugleich will Gregor jedoch in den Schlaf flüchten, weil er die Wirklichkeitsveränderung, die sich im Schlaf ereignet hat, nicht ertragen kann: **Wie wäre es, wenn ich noch ein wenig weiterschliefe und alle Narrheiten vergäße.** (5) Er will als Einbildung abtun, was sich dem Wachbewusstsein aufdrängt. Wie Gregor mag auch der Leser/die Leserin geneigt sein die Literatur als Fiktion zu verharmlosen und sie von der Wirklichkeit abzusondern, als hätten beide nichts miteinander zu tun. So gesehen, ließe sich diese Stelle auch als Selbstreflexion der Dichtung begreifen und als deren Verteidigung gegen jede ästhetizistische Verharmlosung.

Schon ADORNO hat darauf aufmerksam gemacht, dass **die Einführung von Befremdendem als Traum stets den Stachel entfernt.**[46] Wenn das Traumhafte zum Vorwand dient, es als Unwirklichkeit zu verwerfen, hat es seinen **Stachel** verloren. Diesem Missverständnis steht die Affirmation **Es war kein Traum** entgegen.

Wenn wir aus einem Albtraum erwachen, stellen wir mit Erleichterung fest, dass er der Wirklichkeit nicht entspricht. Gregor ergeht es umgekehrt: Er muss feststellen, dass die Wirklichkeit ein Alptraum geworden ist. Vorstellungen lassen sich in den Traum oder in das Unbewusste verbannen, der eigene Körper aber bezeugt eine Wahrheit, die sich nicht mehr verdrängen lässt.

Der Traum ist bei KAFKA ausgeschieden, so schreibt ADORNO, weil alles ausgeschieden ist, was nicht dem Traum und seiner Logik gleiche:[47] Weil der irrationale, zutiefst unvernünftige Zustand der Wirklichkeit offen zutage liegt. Die Selbstverständlichkeit des Ungeheuerlichen wird zum Gegenstand von KAFKAS Erzählung.

4.2 Aufbau und Handlungsverlauf

Im Folgenden soll der Aufbau der Erzählung in mehreren Durchläufen und unter verschiedenen Gesichtspunkten erläutert werden. Da eine konsequente Trennung von Struktur und Inhalt nicht möglich ist, werden schon hier Interpretationsaspekte mit einbezogen.

4.2.1 Der chronologische Aufbau und die produktive Funktion des Lesens

Abb. 1

Vorgeschichte	Hauptgeschichte	Nachgeschichte (Familienausflug)
	Beginn (Verwandlung)	Tod Gregors

Die VERWANDLUNG ist chronologisch aufgebaut (Abb. 1). Sie folgt der Entwicklung Gregors von seiner Verwandlung bis zum Tod und fügt noch eine

Nachgeschichte hinzu: den Ausflug der Familie vor die Stadt. Die chronologische Abfolge ist jedoch insofern durchbrochen, als im Verlauf der Erzählung immer wieder Informationen über Gregors Vorgeschichte geliefert werden. Diese Rückblenden verteilen sich über alle drei Kapitel, treten jedoch im ersten und zweiten Kapitel gehäuft auf. Sie werden über die Äußerungen der anderen Figuren und über Gregors Selbstreflexion vermittelt.

Gleich im ersten Kapitel erfahren wir Einzelheiten über Gregors Arbeitsleben, über die tyrannische Strenge seines Chefs, über Gregors zwanghafte Pflichterfüllung (er war **während seines fünfjährigen Dienstes noch nicht einmal krank gewesen**, 7). Wir erhalten Informationen über die Praxis der Krankenkassenärzte, deren Funktion vor allem darin besteht, die Kranken zur Arbeit zurückzutreiben – da es für sie **nur ganz gesunde, aber arbeitsscheue Menschen gibt** (7). Wir werden über Gregors Berufsleben und sein reduziertes Privatleben informiert (13), über seine **zu langsame** Werbung um eine Kassiererin aus einem Hutgeschäft (47), über seine aufopfernde Tätigkeit für die Familie (30), über das verborgene Vermögen und den Müßiggang des Vaters (32, 42) und über die musikalischen Neigungen der Schwester (31).

Diese über die Geschichte verstreuten Einzelinformationen ergeben nach und nach ein Bild von Gregors Lebenssituation, das sich der Leser/die Leserin selbst zusammensetzen muss – darin liegt ein Reiz dieser Lebensgeschichte aus der Retrospektive. Der Leser/die Leserin muss Zusammenhänge konstruieren, er/sie muss sich Widersprüche bewusst machen (war Gregor der unterwürfige Sohn oder das dominierende Zentrum der Familie?), sich entscheiden, ob er/sie die subjektiv gefärbten Informationen für verlässlich hält, ob er/sie eher den Aussagen des Prokuristen oder der Mutter vertraut. Der Leser/die Leserin wird zum Sinnproduzenten einer Geschichte, deren Leerstellen er/sie selbst aufzufüllen hat.

4.2.2 Die Kapiteleinteilung

KAFKA hat seine Erzählung in drei Abschnitte von ungefähr gleicher Länge gegliedert: In der Reclam-Ausgabe umfasst der erste Teil 19 Seiten, der zweite knapp 21, der dritte 20. Aus der ursprünglich geplanten **kleinen Geschichte** (BrF 102), die keine Kapiteleinteilung enthalten sollte, wurde KAFKAS umfangreichste Erzählung.

Die Dreiteilung ist streng durchgeführt, die Kapitel sind durch römische Ziffern voneinander abgesetzt. Ob man so weit gehen soll, die Kapitelaufteilung mit einem **Tryptichon**, einem dreiteiligen Altarbild zu vergleichen[48], bleibt jedem selbst überlassen. Dass die Gliederung jedoch einem präzisen Konstruktionsschema folgt, soll mithilfe einer Tabelle (Abb. 2) erläutert werden.

Die Kapiteleinteilung (Abb. 2)

	I	II	III
Beginn	– Gregors Erwachen – Verwandlung	– Gregors Erwachen – lange Narbe, Beinchen schwer verletzt	– Gregor schwer verwundet (44), fast ganz ohne Schlaf (47)
Ausbruchsversuche	– betritt das Wohnzimmer (21)	– läuft ins Nebenzimmer (40)	– bewegt sich langsam ins Wohnzimmer (54)
Vereitelung durch die Familie	– Vater treibt Gregor gewaltsam in sein Zimmer zurück, heftig blutende Wunde	– Gregor weicht vor dem Vater zurück, wird von einem Apfel in den Rücken getroffen	– Gregors Zimmer wird fest verriegelt
sonstige thematische Schwerpunkte	– Gregors Beruf als Handlungsreisender – Auftritt und Flucht des Prokuristen	– Gregor wird wie ein Tier versorgt – die Vermögensverhältnisse der Familie – Ausräumen von Gregors Zimmer (durch Schwester und Mutter), Gregor verteidigt sein Bild mit der Pelzdame	– das veränderte stille Familienleben – die neue knochige Bedienerin – Zimmer an drei Zimmerherren vermietet – Gretes Violinspiel, Gregors Ergriffenheit – Gregors Tod – Ausflug der Familie vor die Stadt, Plan eines Wohnungswechsels
Gregors Metamorphosen	noch Mensch	Tier	Gegenstand

Die Kapitelanfänge

Die ersten beiden Kapitel beginnen mit Gregors Erwachen, dem das Thema der Verwandlung bzw. der Verwundung zugeordnet ist. Am Beginn des dritten Kapitels wird wiederum Gregors **schwere** Verwundung erwähnt und auf seine zunehmende Schlaflosigkeit verwiesen. Die Kapitelanfänge konzentrieren sich also einerseits auf den Übergangsbereich von Schlafen und Wachen: Auf die Grenzzonen des Bewusstseins, in denen das Denken durchlässig wird für die Bilder des Unbewussten, in denen es sich dem vorsprachlichen Erfahrungsbereich öffnet und aus dem Kontinuum der Zeit heraustritt. Andererseits thematisieren sie den Schrecken der Verwandlung und der Verwundung.

Die ästhetische Darstellung der Verwundung und des Schmerzes steht in einer langen literarischen Tradition von de Sade über Nietzsche und Baudelaire bis hin zu Ernst Jünger. Immer wieder findet sich das Motiv im Kontext der Grenzüberschreitung und der Bewusstseinsveränderung, denen eine kulturkritische Funktion zuerkannt wird. Insbesondere die ekstatische Qualität des Schmerzes wird bei diesen Autoren hervorgehoben: Seine Eigenschaft, den Menschen aus der Zeit und der Geschichte herauszuheben. Nietzsche etwa erblickte in der Schmerz-Erfahrung die Grundlage einer zukünftigen Anthropologie.[49]

Es mag spekulativ erscheinen, solche Überlegungen mit KAFKAS Kapitelanfängen zu verbinden. Und problematisch ist die erwähnte literarische Traditionsbildung insofern, als sie sich auf eine dezidiert gegenaufklärerische Anthropologie bezieht.[50] Auf der anderen Seite kehrt das Thema der Schmerzerfahrung und der Wunde (etwa in der Erzählung EIN LANDARZT) bei KAFKA häufig wieder und es verbindet sich oft mit der Logik des Traums, mit dem Anderen der Vernunft. Am 1. Februar 1922 schreibt KAFKA in sein Tagebuch: **Mit primitivem Blick gesehn, ist die eigentliche, unwidersprechliche […] Wahrheit nur der körperliche Schmerz. Merkwürdig, daß nicht der Gott des Schmerzes der Hauptgott der ersten Religionen war (sondern vielleicht erst der späteren).** (T 417) KAFKA war sich also der kulturgeschichtlichen Bedeutung des Schmerzes als unmittelbarster, **unwidersprechlicher** Erfahrung bewusst.

Die VERWANDLUNG ist ohne Zweifel auch eine Schmerz-Geschichte. Sowohl die Plötzlichkeit des Schreckens als auch die Schmerzerfahrung heben Gregor aus dem normalen Ablauf der Zeit heraus. Auf jeden Fall bedeutet der Schrecken der Verwandlung den Ausstieg Gregors aus seinem gewohnten alltäglichen Leben.

Die drei Ausbruchsversuche
Im Zentrum aller drei Kapitel steht je ein Ausbruchsversuch Gregors, an dem sich jeweils der Handlungskonflikt entzündet. Jedes Mal wird dieser Versuch durch Familienmitglieder vereitelt:

1. Im ersten Kapitel bleibt Gregor zunächst an dem festgeriegelten Türflügel des Wohnzimmers stehen (18), um sich an den Prokuristen zu wenden, schiebt sich dann aber an dem anderen Türflügel vorbei ins Wohnzimmer. Die Wirkung lässt nicht auf sich warten: Der Prokurist wird endgültig in die Flucht geschlagen, die Mutter stößt Hilfeschreie aus und wirft sich dem Vater in die Arme (21) – woraufhin der Vater Gregor mit dem Stock des Pro-

kuristen (!) und einer Zeitung in sein Zimmer zurücktreibt. Der tödliche Schlag, den Gregor erwartet (21), erfolgt zwar nicht; der Vater fügt seinem Sohn aber eine starke Verwundung bei: **da gab ihm der Vater von hinten einen jetzt wahrhaftig erlösenden Stoß, und er flog, heftig blutend, weit in sein Zimmer hinein. Die Tür wurde noch mit dem Stock zugeschlagen, dann war es endlich still.** (23) Das Kapitel endet mit der ersten Ausgrenzung Gregors aus der Familie.

2. Im zweiten Kapitel läuft Gregor ins Nebenzimmer, in das seine Möbel geschafft wurden (Es handelt sich wohl um das Zimmer der Schwester, da kaum anzunehmen ist, dass das Wohnzimmer mit Gregors Möbeln voll gestellt wird; Nabokovs Behauptung es handle sich um das Wohnzimmer, halte ich deswegen für unwahrscheinlich[51]). Zuvor ist die Mutter bei Gregors Anblick ohnmächtig auf dessen Kanapee niedergesunken: **er lief dann auch ins Nebenzimmer, als könne er der Schwester irgendeinen Rat geben** (40). Auch die Schwester wird nun durch die unerwartete Anwesenheit Gregors so erschreckt, dass sie sich mit der Mutter in Gregors Zimmer einschließt. Auf seltsame Weise ist Gregor jetzt aus seinem Zimmer ausgesperrt – was die Schwester veranlasst dem heimkehrenden Vater zu sagen: **Gregor ist ausgebrochen.** (41) Gregor schleppt sich mühsam zur verschlossenen Tür seines Zimmers, wird aber plötzlich – wohl zur Bestrafung für seinen Ausbruch – vom Vater im Zimmer herumgescheucht und mit Äpfeln bombardiert, was ihm einen **unglaublichen Schmerz** zufügt (43). Schließlich wird die Tür seines Zimmers geöffnet, aus dem die Mutter hervorstürzt, sich dem Vater in die Arme wirft (**in gänzlicher Vereinigung mit ihm**) und um **Schonung von Gregors Leben** bittet (44).

In diesem Kapitel wird Gregor also wie ein Tier ins Zimmer eingesperrt; dies ergibt sich aus dem Ausruf der Schwester, er sei **ausgebrochen**. Die Sprachregelung verrät die zunehmende Entfremdung Gregors von seiner Familie und seine fortschreitende Ausgrenzung. Das lebensbedrohliche Äpfelbombardement ist ein Gradmesser für die wachsende Aggression, die ihn umgibt.

3. Im dritten Kapitel wird Gregor so sehr vom Violinspiel der Schwester angezogen, dass er sich langsam ins Wohnzimmer bewegt. Dort lauschen die Zimmerherren und die anderen Familienmitglieder der Schwester, sodass Gregor unbemerkt sein Zimmer verlassen kann (52 f.). Der Schrecken, den er schließlich durch seinen Anblick verursacht, erweckt in Grete als Erste den Wunsch Gregor **loszuwerden** (56); die Zimmerherren kündigen. Gregor versucht daraufhin mit größter Mühe in sein Zimmer **zurückzuwandern: das nahm sich allerdings auffallend aus, da er infolge seines leidenden Zustandes bei den schwierigen Umdrehungen mit seinem Kopfe**

nachhelfen mußte, den er hierbei viele Male hob und gegen den Boden schlug (57). Dem Vernichtungswunsch der Schwester folgt die endgültige Aussperrung Gregors – die Tür seines Zimmers wird **eiligst zugedrückt, festgeriegelt und versperrt** (58). Diesem dritten und letzten Ausschluss folgt in kürzester Zeit Gregors Tod.

Gregors Metamorphosen (Mensch-Tier-Gegenstand)
Ein weiteres Strukturmerkmal der Erzählung ist die fortschreitende Verwandlung Gregors, die sich zum Teil in seinem Bewusstsein, zum Teil in der Wahrnehmung der anderen Personen vollzieht. Denn die anfängliche Verwandlung in ein **ungeheueres Ungeziefer** erscheint zunächst nur als äußere Veränderung der Körpergestalt, die von Gregors Bewusstsein erst noch eingeholt werden muss. Gregor erlebt in der ersten Phase eine grundlegende Verunsicherung seiner Identität: Äußerlich ist er zum Tier geworden, in seinem Bewusstsein ist er weiterhin ein Mensch. Die VERWANDLUNG ist insofern auch ein literarisches Experiment zu der Frage, wie die äußere Erscheinung das Selbstbewusstsein beeinflusst. An Gregors Beispiel lässt sich ablesen, wie sehr die Identität durch die Wahrnehmung des eigenen Körpers und durch den Blick der anderen geprägt wird.

1. Das erste Kapitel beschreibt den Kampf Gregors zwischen seinem bisherigen Selbstbewusstsein als Mensch und der Wahrnehmung seiner tierischen Gestalt. Wie sehr Gregor zunächst noch seinem menschlichen Bewusstsein verhaftet ist, zeigen die langen (und kritischen) Reflexionen über seine berufliche Existenz als Handlungsreisender und auch sein Entschluss sofort wieder die Arbeit aufzunehmen:

> Übrigens, noch mit dem Achtuhrzug fahre ich auf die Reise, die paar Stunden Ruhe haben mich gekräftigt. Halten Sie sich nur nicht auf, Herr Prokurist; ich bin gleich selbst im Geschäft, und haben Sie die Güte, das zu sagen und mich dem Herrn Chef zu empfehlen! (15)

Angesichts seiner neuen Unbeweglichkeit klingen diese Äußerungen geradezu grotesk. Doch auch in seiner etwas späteren Rede an den Prokuristen ist Gregor noch der festen Überzeugung, dass er seine berufliche Tätigkeit in gewohnter Weise wieder aufnehmen kann: **ich werde mich gleich anziehen, die Kollektion zusammenpacken und wegfahren. Wollt Ihr, wollt Ihr mich wegfahren lassen?** (19) Gregor scheint hier das unbegreifliche Hindernis, das von seiner neuen Körpergestalt ausgeht, auf die umgebenden Personen zu projizieren.

Sehr präzise hat KAFKA Gregors wiederholten Versuch gestaltet, sich wie ein Mensch auf die Hinterbeine zu stellen, bis er bemerkt, dass der aufrechte Gang einem Käfer nicht entspricht. Die Bewegungsabläufe sind für den Menschen andere als für die (auf allen Beinen laufenden) Tiere und dementsprechend verändert sich für Gregor auch die Raumwahrnehmung: Was oben war, ist jetzt vorne. Mit großer Kunstfertigkeit beschreibt KAFKA den Kampf Gregors mit seinen neuen Gliedmaßen:

> Er hätte Arme und Hände gebraucht, um sich aufzurichten; statt dessen aber hatte er nur die vielen Beinchen, die ununterbrochen in der verschiedensten Bewegung waren und die er überdies nicht beherrschen konnte. Wollte er eines einmal einknicken, so war es das erste, daß es sich streckte; und gelang es ihm endlich, mit diesem Bein das auszuführen, was er wollte, so arbeiteten inzwischen alle anderen, wie freigelassen, in höchster, schmerzlicher Aufregung. (9)

Gregor versucht vergebens nach menschlicher Art mit dem unteren Teil des Körpers zuerst das Bett zu verlassen:

> Zuerst wollte er mit dem unteren Teil seines Körpers aus dem Bett hinauskommen, aber dieser untere Teil, den er übrigens noch nicht gesehen hatte und von dem er sich auch keine rechte Vorstellung machen konnte, erwies sich als zu schwer beweglich; es ging so langsam; und als er schließlich, fast wild geworden, mit gesammelter Kraft, ohne Rücksicht sich vorwärtsstieß, hatte er die Richtung falsch gewählt, schlug an den unteren Bettpfosten heftig an, und der brennende Schmerz, den er empfand, belehrte ihn, daß gerade der untere Teil seines Körpers augenblicklich vielleicht der empfindlichste war. (9)

Die folgende Stelle beschreibt Gregors kuriosen Versuch auf dem hintersten Beinpaar auf den Prokuristen zuzugehen, bis er sich schließlich klar macht, dass es sich auf allen drei Beinpaaren besser laufen lässt:

> Und ohne daran zu denken, daß er seine gegenwärtigen Fähigkeiten, sich zu bewegen, noch gar nicht kannte, ohne auch daran zu denken, daß seine Rede möglicher- ja wahrscheinlicherweise wieder nicht verstanden worden war, verließ er den Türflügel; schob sich durch die Öffnung; wollte zum Prokuristen hingehen, der sich schon am Geländer des Vorplatzes lächerlicherweise mit beiden Händen festhielt; fiel aber sofort, nach einem Halt suchend, mit einem kleinen Schrei auf seine vielen Beinchen nieder. Kaum war das geschehen, fühlte er zum erstenmal an diesem Morgen ein körperliches Wohlbehagen; die Beinchen hatten festen Boden unter sich; sie gehorchten vollkommen, wie er zu seiner Freude merkte; strebten sogar danach, ihn fortzutragen, wohin er wollte; und schon glaubte er, die endgültige Besserung alles Leidens stehe unmittelbar bevor. (21)

Neben den Problemen der Fortbewegung hat Gregor auch mit seiner veränderten Stimme zu kämpfen. Er erschrickt selbst, als er seine Stimme zum ersten Mal hört: Es ist eine Mischung aus Menschen- und Tierstimme, **die wohl unverkennbar seine frühere war, in die sich aber, wie von unten her, ein nicht** zu unterdrückendes, schmerzliches Piepsen mischte, das die Worte förmlich nur im ersten Augenblick in ihrer Deutlichkeit beließ, um sie im Nachklang derart zu zerstören, daß man nicht wußte, ob man recht gehört hatte. (8)

Bezeichnenderweise besteht Gregors erste Reaktion auf diese Entdeckung darin, sein Anderssein zu verbergen, die Stimme zu verstellen, so leise zu sprechen, dass die Veränderung niemand wahrnehmen kann: Er bemüht sich durch die sorgfältigste Aussprache und durch Einschaltung von langen Pausen zwischen den einzelnen Worten seiner Stimme alles Auffallende zu nehmen (8). Gregor verhält sich also wie jemand, der aus den gesellschaftlichen Normen herausfällt und ängstlich bemüht ist, die Normabweichung zu verdecken.

2. Das zweite Kapitel führt vor, wie Gregor mit seiner Tiergestalt immer vertrauter wird, zugleich aber sein menschliches Bewusstsein und seine Empfindungsfähigkeit beibehält. So bemüht er sich in fürsorglicher und selbstloser (man könnte auch sagen: in masochistischer) Weise, die Familienmitglieder vor der Konfrontation mit seinem Anderssein zu bewahren (indem er sich unterm Sofa versteckt, eine Decke über sich zieht usw.). Sein Fortschritt im Tiersein macht sich vor allem in der Ernährungsweise bemerkbar: Er verschmäht die gewohnte frische Nahrung und delektiert sich an altem halb verfaultem Gemüse, an Knochen vom Nachtmahl, **die von festgewordener weißer Sauce umgeben waren**, an Käse, **den Gregor vor zwei Tagen für ungenießbar erklärt hätte**, und an trockenem Brot (29). Wasser trinkt er jetzt aus einem Napf. Immer wieder gerät er jedoch in den Konflikt von Mensch- und Tiersein, so, wenn er sich mit Sorge fragt, ob er jetzt weniger **Feingefühl** habe (27).

Nabokov macht in diesem Zusammenhang die interessante Bemerkung, dass Gregors menschliche Sehfähigkeit schrittweise abnehme, sodass er nicht einmal mehr deutlich über die Straße sehen könne.[52] Gregors Drang zum Fenster entspreche der für Insekten typischen Reaktion, sich zum Licht hin zu bewegen: **er scheute nicht die große Mühe, einen Sessel zum Fenster zu schieben, dann die Fensterbrüstung hinaufzukriechen und, in den Sessel gestemmt, sich ans Fenster zu lehnen […] tatsächlich sah er von Tag zu Tag die auch nur ein wenig entfernten Dinge immer undeutlicher**. Schließlich nimmt er nur noch eine **Einöde** wahr, **in welcher der graue Himmel und die graue Erde ununterscheidbar sich vereinigten** (32 f.). Dieser Hinweis hat einiges an Plausibilität und sollte er mit KAFKAS Absicht übereinstimmen, wäre dies ein zusätzlicher Beweis für die große sachliche Präzision in KAFKAS Darstellungsweise.

Ins Käferdasein lebt sich Gregor auch insofern ein, als er nun mit Vergnügen an Wänden und Decke entlangkriecht. Er hatte jetzt, so heißt es, seinen Körper ganz anders in der Gewalt als früher (35). Während Gregor selbst jedoch sein doppeltes Wesen zwischen Mensch- und Tiersein als Zwiespalt erlebt, wird er für die Familienmitglieder immer mehr zum Tier, dem alle Menschlichkeit abgesprochen wird. Dies zeigt sich z.B. darin, dass die Mutter zuerst mit Vernunftgründen, dann mit Gewalt davor zurückgehalten wird, Gregor zu besuchen (35). Sie allein spricht von Gregor noch menschlich als von ihrem **unglücklichen Sohn** (35); die Schwester dagegen kommt auf den Gedanken Gregors Zimmer auszuräumen um seinem tierischen Kriechbedürfnis zu entsprechen: Dies ist nicht nur eine Konzession an seine neue Existenzweise, sondern auch ein symbolischer Schlussstrich unter Gregors menschliche Vorgeschichte:

> Sie räumten ihm sein Zimmer aus; nahmen ihm alles, was ihm lieb war; den Kasten, in dem die Laubsäge und andere Werkzeuge lagen, hatten sie schon hinausgetragen; lockerten jetzt den schon im Boden fest eingegrabenen Schreibtisch, an dem er als Handelsakademiker, als Bürgerschüler, ja sogar als Volksschüler seine Aufgaben geschrieben hatte (39).

Indem die Schwester dem Vater mitteilt Gregor sei **ausgebrochen,** bekräftigt sie vollends seine Tierexistenz.

3. Im dritten Kapitel kommt es zu einem entscheidenden Wechsel in der Beurteilung Gregors, der sich auch in sprachlicher Hinsicht ausdrückt. Zunächst wird Gregor von der neuen Bedienerin, die **keinen eigentlichen Abscheu vor Gregor** [hatte] (49), auf unkomplizierte Weise als Tier akzeptiert. Halb liebevoll, halb grobschlächtig redet sie ihn mit **du alter Mistkäfer** an – immerhin ist sie noch die Einzige, die das Wort an ihn richtet. Die Schwester vernachlässigt Gregor zusehends, lässt sein Zimmer verstauben (in das mittlerweile auch der Abfall geworfen wird) und stößt mit dem Fuß **beliebige Speisen** (47) hinein, die er meistens unberührt lässt. Es ist sicher kein Zufall, dass Gregor inmitten dieser zunehmenden Verrohung sein menschliches Leben nochmals wie in einem Zeitraffer an sich vorbeiziehen lässt:

> [...] in seinen Gedanken erschienen wieder nach langer Zeit der Chef und der Prokurist, die Kommis und die Lehrjungen, der so begriffstützige Hausknecht, zwei drei Freunde aus anderen Geschäften, ein Stubenmädchen aus einem Hotel in der Provinz, eine liebe, flüchtige Erinnerung, eine Kassiererin aus einem Hutgeschäft, um die er sich ernsthaft, aber zu langsam beworben hatte – sie alle erschienen untermischt mit Fremden oder schon Vergessenen. (47)

Seiner Animalisierung hält Gregor gewissermaßen seine menschliche Existenz entgegen und er tut dies auch mit einer Frage, die schon als solche sein Menschsein beglaubigt: **War er ein Tier, da ihn Musik so ergriff?** (53)

Auf seinen dritten Ausbruchsversuch schließlich erfolgt, in einer letzten Phase, die Verdinglichung Gregors. Er wird nicht mehr als Tier, sondern als

Gegenstand behandelt. Dies drückt sich in der Verwendung des Pronomens **es** aus, mit dem jede geschlechtliche Differenzierung eingeebnet ist: ›**Weg muß es**‹, rief die Schwester, ›**das ist das einzige Mittel, Vater. Du mußt bloß den Gedanken loszuwerden suchen, daß es Gregor ist.**‹ (57) Dieser Auslöschung seines Namens als Zeichen sozialer Identität folgt die Selbstauslöschung Gregors: sein Entschluss zu verschwinden. Dass er zum bedeutungslosen Gegenstand geworden ist, bezeugt die Bedienerin, die sich bereit erklärt **das Zeug wegzuschaffen** (62). Zeug ist die Bezeichnung für ein Ding, das keine benennbaren Eigenschaften mehr besitzt.

Sonstige thematische Schwerpunkte der Handlung
Neben den bisher besprochenen Gliederungsaspekten enthalten die Kapitel thematische Schwerpunkte, die kurz erwähnt werden sollen:
Das erste Kapitel thematisiert ausführlich Gregors Verhältnis zu seinem Beruf als Handlungsreisender; zahlreiche Informationen zur beruflichen Situation der Angestellten werden vermittelt, und zwar durch Gregors Selbstreflexion wie durch seine Rede an den Prokuristen.
Im Vordergrund des zweiten Kapitels stehen die Vermögensverhältnisse der Familie, der geschäftliche Zusammenbruch des Vaters und Gregors Versuche zur Sanierung der Familiensituation. Die Familie stellt Überlegungen an, wie sie nach Gregors Verwandlung ihren Lebensunterhalt verdienen könnte. Der Konflikt der Handlung entzündet sich am Ausräumen von Gregors Zimmer, seiner Verteidigung des Bildes mit der Pelzdame und seinem zweiten Ausbruchsversuch.
Im dritten Kapitel geht es um das veränderte Familienleben der Samsas, die neuen beruflichen Tätigkeiten der Familienmitglieder als Bankdiener (Vater), Wäscherin (Mutter) und Verkäuferin (Schwester). Aufgrund der finanziellen Misere wird ein Zimmer an drei Zimmerherren vermietet. Auf den Konflikt, der sich durch Gregors erneuten Ausbruchsversuch ergibt, folgt unvermittelt Gregors Tod. Danach macht die Familie in bester Laune einen Ausflug vor die Stadt.

4.3 Die Topografie der Wohnung

Zur Veranschaulichung des Handlungsablaufs ist es sinnvoll, sich die Wohnverhältnisse der Familie Samsa und die Zimmeraufteilung zu vergegenwärtigen. Die Erzählung liefert eine Reihe von Anhaltspunkten, die eine Rekonstruktion der Wohnungsaufteilung ermöglichen.[53] Einige Zusammenhänge bleiben jedoch ungeklärt.
Die Wohnung der Samsas ist von großbürgerlicher Stattlichkeit; dies geht aus der Klage im dritten Kapitel hervor, dass man **diese für die gegenwärtigen Verhältnisse allzugroße Wohnung nicht verlassen konnte** (46).

Gregors Zimmer wird dagegen gleich zu Beginn als **zu kleines Menschenzimmer** beschrieben (5). Der Tod Gregors macht am Ende einen Wohnungswechsel möglich: **sie wollten nun eine kleinere und billigere, aber besser gelegene und überhaupt praktischere Wohnung nehmen.** (63) Die Bedeutung der Wohnverhältnisse für den gesellschaftlichen Status war KAFKA durch eigene Erfahrung bekannt; die zahlreichen Wohnungswechsel seiner Familie waren immer wieder in dem Bestreben des Vaters begründet, den sozialen Status äußerlich zu verbessern. Die Größe, Qualität und Ausstattung der Wohnung, aber auch die Wohngegend waren dafür ausschlaggebend. Der geplante Wohnungswechsel der Samsas bezeugt ihren sozialen Abstieg, der durch die finanzielle Verarmung und durch die niedere berufliche Stellung bestimmt wird. Aus Bürgern der gehobenen Mittelklasse sind Kleinbürger, jedenfalls **arme Leute** (46), geworden. Für den zuvor eher großbürgerlichen Status spricht im Übrigen auch, dass sich die Familie mit zwei Kindern ein Dienstmädchen halten kann.

Die Wohnung der Samsas liegt nicht ebenerdig, sondern in einem höheren Stockwerk, was aus dem abschließenden Weggang der Zimmerherren hervorgeht, die **ständig die lange Treppe hinunterstiegen, in jedem Stockwerk in einer bestimmten Biegung des Treppenhauses verschwanden und nach ein paar Augenblicken wieder hervorkamen** (61). Mit dem mehrmals erwähnten **Vorplatz** ist nicht ein Platz im Freien, sondern der Treppenabsatz vor der Wohnung gemeint. Das **Vorzimmer,** das ebenfalls wiederholt erwähnt wird, ist kein Vorzimmer im eigentlichen Sinn, sondern der Flur, der sich an allen Zimmern vorbeizieht.

Zimmeraufteilung im ersten Kapitel (Abb. 3)

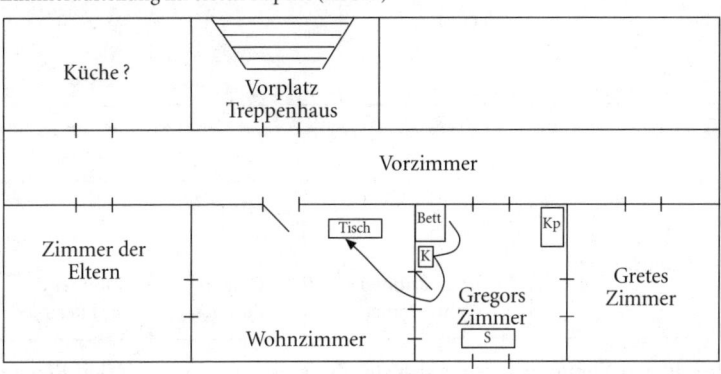

K = Kasten
Kp = Kanapee
S = Schreibtisch
⟶ Bewegungsabläufe Gregors (1. Kap.)

Die Ausstattung von Gregors Zimmer wird im ersten Kapitel beschrieben: Es enthält neben dem Bett einen Tisch, auf dem eine **Musterkollektion von Tuchwaren** liegt (5), einen Kasten mit Weckuhr, einen Stuhl, ein Kanapee, einen Schreibtisch und das Bild mit der Pelzdame.

Die Verteilung der Zimmer ist relativ eindeutig zu ermitteln (vgl. Abb. 3). Gregors Zimmer kann durch drei Türen betreten werden: Während die Mutter vorsichtig an die Tür am Bettende klopft (7), klopft der Vater **an der einen Seitentür** [...], **schwach, aber mit der Faust,** und die Schwester klagt leise **an der anderen Seitentür** (8) – in wenigen Worten liefert KAFKA hier eine präzise psychologische Charakterisierung der Personen. Das **Nebenzimmer links** von Gregor (12), in dem sich der Prokurist aufhält, wird auf S. 18 als **Wohnzimmer** bezeichnet, das **Nebenzimmer rechts,** aus dem die Schwester flüstert (12), ist Gretes Schlafzimmer. Die Lage der Zimmer ermöglicht bei geöffneten Türen einen Blick von Gregors Zimmer durch das Wohnzimmer auf den Vorplatz (vgl. 19).

Etwas schwieriger ist die Position des Elternschlafzimmers zu bestimmen. Es liegt neben dem Wohnzimmer, wie aus Beickens Analyse (1995, S. 118) hervorgeht: Gregor kann von seinem Zimmer aus durch das Wohnzimmer hindurch beobachten, wie die Mutter den Vater, **der sich vor Erregung nicht mehr kannte,** ins Schlafzimmer zu schleppen versucht (48). Gregors beobachtender Blick wird an dieser von Beicken zitierten Stelle allerdings nicht erwähnt; er ergibt sich lediglich aus der prinzipiellen Annahme, dass alles aus dem Blickwinkel Gregors erzählt wird, dass also die Erzählung durchgehend personal perspektiviert ist.

Zimmeraufteilung im dritten Kapitel (Abb. 4)

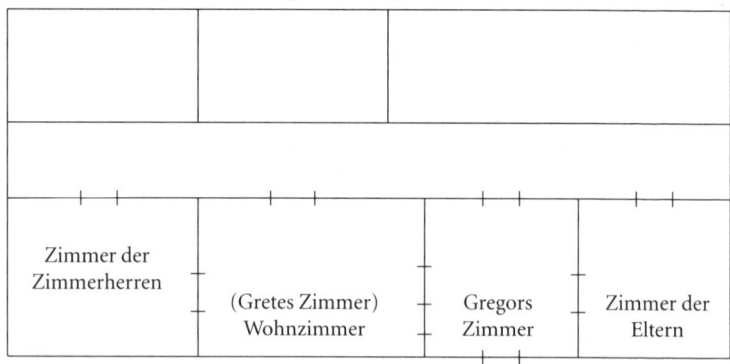

Im dritten Kapitel verändert sich die Zimmersituation durch den Einzug der drei Zimmerherren: Diese nehmen ihr Abendessen im Wohnzimmer ein, an dem Tisch, wo in früheren Zeiten der Vater, die Mutter und Gregor gegessen hatten, während die Familie selbst nun in der Küche speist (51).

Gretes Violinspiel ertönt von der Küche her, und die Zimmerherren bitten Grete daraufhin ihnen im Wohnzimmer vorzuspielen (52). Das Schlafzimmer der Zimmerherren wird als Nebenzimmer (des Wohnzimmers) bezeichnet; dabei kann es sich nur um das ehemalige Elternschlafzimmer handeln, da auf der anderen Seite des Wohnzimmers Gregors Zimmer liegt. Die Eltern sind also in das einzig noch verfügbare Zimmer, das Schlafzimmer Gretes, umgezogen. Für Grete bleibt demnach nur das Wohnzimmer übrig, falls sie nicht, wie zum Violinspiel, die Küche aufsucht; dem dürfte aber die dort tagsüber eingesperrte Köchin (36, 41) entgegenstehen.

Es ist für das Verständnis der Erzählung nicht unerheblich, dass sich die Handlung (abgesehen vom Schluss) ganz in den Wänden der Samsa'schen Wohnung abspielt – in einem abgeschlossenen Raum, der freilich durch die Fenster und die vielen Türen genügend Öffnungsmöglichkeiten bietet.[54] Dies gilt auch für die Raumsituation Gregors: Das **Menschenzimmer**, das gleich zu Beginn als **zu klein** bezeichnet wird, weist immerhin drei Türen und ein Fenster auf. Die Enge von Gregors Leben wird jedoch im Verlauf der Erzählung immer bedrückender, da die Türen zunehmend geschlossen und verriegelt werden, sodass nur noch der Blick aus dem Fenster den beengten Raum durchbrechen kann – aber die Trübung des Blicks verschließt ebenfalls die Aussicht nach draußen. Gregors Raumsituation wird so zu einer Situation der Gefangenschaft, in der nicht nur die Reduzierung der Bewegungsfreiheit, sondern auch die soziale Isolation und der Kommunikationsverlust zum Ausdruck kommen.

4.4 Erzählzeit und erzählte Zeit

Unter Erzählzeit versteht man die Zeit, die zum Erzählen bzw. Lesen einer Geschichte benötigt wird, unter erzählter Zeit den zeitlichen Ablauf der Handlung selbst. Das Verhältnis der beiden Zeitabläufe ist in den seltensten Fällen kongruent. Oft ist die Erzählzeit im Verhältnis zur erzählten Zeit stark verkürzt (Raffung), sie kann aber auch länger sein als die Zeit, die die Handlung real benötigen würde (Dehnung).

In KAFKAS VERWANDLUNG sind beide Phänomene zu beobachten. Die Erzählzeit aller Kapitel ist ungefähr gleich lang, da die Seitenzahl der Kapitel in etwa übereinstimmt. In der erzählten Zeit ergeben sich jedoch von Kapitel zu Kapitel signifikante Unterschiede (vgl. Abb. 5).

Abb. 5

	erzählte Zeit	Erzählzeit (Seitenumfang)
1. Kapitel	ca. 1,5 Stunden	19 Seiten
2. Kapitel	2 Monate	21 Seiten
3. Kapitel	über 1 Monat	20 Seiten

Das erste Kapitel umfasst einen erzählten Zeitraum von nur etwa eineinhalb Stunden. Gregor erwacht um 6.30 Uhr (7), und als der Prokurist die Wohnung betritt, ist es fast **einviertel acht** (11), d.h. 7.15 Uhr. Gregor denkt, dass er den **Achtuhrzug** noch erreichen könnte.

KAFKA verwendet in diesem Kapitel vor allem die Technik der Dehnung. Dies ist zum Teil in den langen Bewusstseinsvorgängen begründet, die Gregors Gedanken und Empfindungen (in Form der erlebten Rede und des inneren Monologs) wiederspiegeln. Was in unserem Bewusstsein in Sekundenschnelle und gleichzeitig abläuft, muss im Medium der Sprache in linearer Abfolge erzählt und entfaltet werden.[55] Zum anderen werden bestimmte Handlungsabläufe von KAFKA so detailliert geschildert, dass die benötigte Erzählzeit die erzählte Zeit beträchtlich übersteigt. Ein Beispiel: die Fluchtreaktion des Prokuristen. Detailliert beschreibt KAFKA hier die Bewegungen und die grotesken Gebärden des Mannes, sodass man den Vorgang fast wie in einer Zeitlupenaufnahme vor sich ablaufen sieht:

> Aber der Prokurist hatte sich schon bei den ersten Worten Gregors abgewendet, und nur über die zuckende Schulter hinweg sah er mit aufgeworfenen Lippen nach Gregor zurück. Und während Gregors Rede stand er keinen Augenblick still, sondern verzog sich, ohne Gregor aus den Augen zu lassen, gegen die Tür, aber ganz allmählich, als bestehe ein geheimes Verbot, das Zimmer zu verlassen. Schon war er im Vorzimmer, und nach der plötzlichen Bewegung, mit der er zum letztenmal den Fuß aus dem Wohnzimmer zog, hätte man glauben können, er habe sich soeben die Sohle verbrannt. Im Vorzimmer aber streckte er die rechte Hand weit von sich zur Treppe hin, als warte dort auf ihn eine geradezu überirdische Erlösung. (20)

Ein weiterer Grund für die Ausführlichkeit der Darstellung liegt in den Dialogsequenzen, die nur im ersten Kapitel so umfangreich ausfallen; sie geben die direkte Rede Gregors, des Prokuristen, des Vaters und der Mutter wieder. In der direkten Rede stehen Erzählzeit und erzählte Zeit in einem Entsprechungsverhältnis. Gregor selbst ergreift ab dem zweiten Kapitel nicht mehr das Wort – ein Ausdruck seines Verstummens und seines sozialen Rückzugs.

Das zweite Kapitel umfasst einen Zeitraum von zwei Monaten, was aus der Bemerkung hervorgeht, dass **der Mangel an menschlicher Ansprache […] im Laufe dieser zwei Monate seinen [Gregors] Verstand hatte verwirren müssen** (37). Die Raffung wird zum Teil dadurch erreicht, dass neben dem einmaligen Geschehen (Ausräumen von Gregors Zimmer, Ausbruchsversuch) regelmäßige Abläufe geschildert werden, die durch Zeitadverbien wie ›oft‹, ›täglich‹, ›immer wieder‹ markiert sind: **Auf diese Weise bekam nun Gregor *täglich* sein Essen** (28), ***Immer wieder* hörte Gregor, wie der eine den anderen zum Essen aufforderte […]**. ***Öfters* fragte die Schwester den Vater, ob er Bier haben wolle** (29), ***Oft* lag er dort die ganzen langen**

Nächte über, schlief keinen Augenblick (32). Größere Zeiträume werden mit wenigen Worten zusammengefasst: **In den ersten vierzehn Tagen konnten es die Eltern nicht über sich bringen, zu ihm hereinzukommen, und er hörte oft, wie sie die jetzige Arbeit der Schwester völlig anerkannten, während sie sich bisher häufig über die Schwester geärgert hatten** (34).

Die Ausräumaktion, Gregors Ausbruchsversuch und das Äpfelbombardement werden dagegen wieder ausführlich geschildert. Für die wenigen Minuten oder Stunden, die diese Vorgänge dauern, benötigt KAFKA etwa zehn Seiten, also ungefähr die Hälfte des Kapitelumfangs, während die erste Kapitelhälfte zwei lange Monate umfasst.

Gleich zu Beginn des dritten Kapitels wird festgestellt, dass Gregor an seiner schweren Verwundung über einen Monat litt (44) – so viel Zeit ist also seit dem Apfelwurf vergangen. Durch das Schildern regelmäßig wiederkehrender Vorgänge wird die Erzählung zunächst wieder gerafft: **Die Tage und Nächte verbrachte Gregor fast ganz ohne Schlaf.** (47), **Das Aufräumen des Zimmers, das sie [die Schwester] nun** *immer abends* **besorgte, konnte gar nicht mehr schneller getan sein.** (48) Die Geschichte von Gretes Violinspiel und Gregors drittem Ausbruchsversuch wird dann wieder ausführlich erzählt. Für Gregors Sterben und Tod (gerechnet vom Vernichtungswunsch der Schwester an) beansprucht Kafka immerhin sechs Seiten.

Es zeigt sich also, dass der Wechsel von Raffung und Dehnung durchaus funktional auf den Inhalt bezogen ist. Gregors Ausbruchsversuche werden in allen drei Kapiteln besonders ausführlich geschildert, wodurch ihnen auch vom Erzählumfang her ein besonderes Gewicht zukommt.

4.5 Erzählweise

4.5.1 *Personales versus auktoriales Erzählen*

Die besondere Erzählweise der VERWANDLUNG besteht darin, dass das ganze Geschehen aus der Perspektive der Hauptfigur erzählt wird. Das bedeutet, dass der Leser/die Leserin zu keinem Zeitpunkt *mehr* weiß als Gregor und dass er/sie ganz in dessen Wahrnehmungsweise hineingezogen wird. Eine Distanzierung vom Geschehen, die durch einen Perspektivenwechsel zwischen den Figuren oder durch Kommentare eines allwissenden Erzählers vermittelt würde, wird dem Leser/die Leserin nicht mehr ermöglicht.

Diese Subjektivierung des Erzählerstandpunktes und seine Einengung auf den Blickwinkel einer Figur hat mit den Wahrnehmungsweisen der Moderne zu tun, die sich seit dem 19. Jahrhundert zunehmend herausbilden. Die fortschreitende Ausdifferenzierung der Gesellschaftsbereiche und der Verlust übergreifender Wertsysteme machen es immer schwieriger, gesellschaftliche Zusammenhänge zu erkennen und einen Überblick über die sich beschleunigenden Veränderungsprozesse zu bewahren. Die Individualisierung des Bewusstseins und die Erfahrung sozialer Isolation sind Phänomene, die sich um die Jahrhundertwende verstärkt beobachten lassen. Hinzu kommt das wachsende psychologische Interesse an Bewusstseinsvorgängen, das z.b. in der Psychoanalyse, der systematischen Erforschung des Unbewussten, seinen Niederschlag findet.

Solche Veränderungen beeinflussen auch die literarischen Darstellungsweisen. Schon im Verlauf des 19. Jahrhunderts tritt neben die auktoriale immer mehr die personale Erzählhaltung – eine Unterscheidung, die in ihrer Begrifflichkeit auf Franz K. Stanzel zurückgeht.[56] Der *auktoriale* Erzähler entspricht der alten überschaubaren Welt: Er nimmt einen überlegenen, allwissenden Standpunkt ein; er kann sich in die Perspektive unterschiedlicher Figuren versetzen, das Geschehen kommentieren, bewerten, Reflexionen einstreuen, er kann über den Weltlauf philosophieren, der Handlung vorgreifen oder Retrospektiven einblenden. Auf diese Weise stellt er übergreifende Zusammenhänge her und ermöglicht dem Leser Distanz und Reflexion, die allerdings durch die Erzählinstanz gesteuert werden.

Bei der *personalen* Erzählhaltung wird dagegen aus der Perspektive einer Person erzählt; die Personenperspektive fällt weitgehend mit der Erzählerperspektive zusammen. Während bei vielen modernen Autoren unterschiedliche Erzählhaltungen abwechseln, favorisiert KAFKA in der VERWANDLUNG die personale Erzählhaltung.

Friedrich Beißner hat als einer der Ersten darauf aufmerksam gemacht, dass bei KAFKA alle Vorgänge über das subjektive Bewusstsein der Hauptfigur vermittelt erscheinen. Statt von **personaler Erzählhaltung** spricht Beißner von **einsinnigem Erzählen** (da ein Wechsel der Personenperspektive nicht mehr stattfindet); er weist darauf hin, wie sehr KAFKA den Erzählerstandpunkt eliminiert bzw. ihn mit der Figurenperspektive zusammenfallen lässt:

> Kafka läßt dem Erzähler keinen Raum neben oder über den Gestalten, keinen Abstand von dem Vorgang. Es gibt darum bei ihm keine Reflexion über die Gestalten und über deren Handlungen und Gedanken. [...] Kafka verwandelt, wenn wir es recht auffassen, nicht nur sich, sondern auch den Leser in die Hauptgestalt.[57]

Die erzählerischen Mittel, die für eine solche personale Perspektivierung und ihre Redewiedergabe zur Verfügung stehen, sind der **innere Monolog** und die **erlebte Rede** – beide tauchen seit der Jahrhundertwende verstärkt in der Erzählliteratur auf.[58] Während der **innere Monolog** die erste Person und das Präsens verwendet um die Bewusstseinsvorgänge der Figur direkt zu vermitteln, schiebt die **erlebte Rede** eine Erzählinstanz ein, die in der dritten Person und in der Vergangenheit berichtet. Im Grunde aber werden nur innere Vorgänge der Erzählfigur wiedergegeben – und zwar ausschließlich aus ihrer subjektiven Perspektive.

Gleich zu Beginn des ersten Kapitels werden wir mit langen inneren Monologen Gregors konfrontiert, die von Aggression und Kritikfähigkeit zeugen:

> Der Mensch muß seinen Schlaf haben. Andere Reisende leben wie Haremsfrauen. Wenn ich zum Beispiel im Laufe des Vormittags ins Gasthaus zurückgehe, um die erlangten Aufträge zu überschreiben, sitzen diese Herren erst beim Frühstück. Das sollte ich bei meinem Chef versuchen; ich würde auf der Stelle hinausfliegen. Wer weiß übrigens, ob das nicht sehr gut für mich wäre. (6)

Der innere Monolog ist hier insofern wichtig, als er Auskunft über die wahre Befindlichkeit Gregors gibt und den Gegensatz zu seiner äußeren Unterwürfigkeit deutlich macht. In der direkten Rede gegenüber dem Prokuristen ist von Renitenz nichts mehr zu spüren: **Nun, Herr Prokurist, Sie sehen, ich bin nicht starrköpfig und ich arbeite gern; das Reisen ist beschwerlich, aber ich könnte ohne das Reisen nicht leben. [...] Ich bin ja dem Herrn Chef sehr verpflichtet, das wissen Sie doch recht gut.** (19) KAFKA macht über den Gegensatz von innerem Monolog und direkter Rede die Widersprüchlichkeit und Gespaltenheit Gregor Samsas sichtbar.

Die erlebte Rede verwendet KAFKA u.a. beim Eintreffen des Prokuristen, bei welchem Gregor fast **erstarrt**. Hier wird ohne Anführungszeichen, ohne Rede- oder Frageeinleitung in der dritten Person und in der Vergangenheit erzählt:

> Warum war nur Gregor dazu verurteilt, bei einer Firma zu dienen, wo man bei der kleinsten Versäumnis gleich den größten Verdacht faßte? [...] Genügte es wirklich nicht, einen Lehrjungen nachfragen zu lassen – wenn überhaupt diese Fragerei nötig war –, mußte da der Prokurist selbst kommen, und mußte dadurch der ganzen unschuldigen Familie gezeigt werden, daß die Untersuchung dieser verdächtigen Angelegenheit nur dem Verstand des Prokuristen anvertraut werden konnte? (11 f.)

Zunächst könnte man den Eindruck gewinnen, dass hier die Meinung einer Erzählerinstanz wiedergegeben wird; aber aus dem Kontext wird ersichtlich, dass es sich um Gregors Meinung handelt. Dies wird schon durch die Redepartikel deutlich, die nahe legen, dass es sich im Grunde um eine direkte (Figuren-)Rede handelt: ›**warum** war *nur* Gregor dazu verurteilt‹, ›wenn *überhaupt*‹, mußte *da* der Prokurist selbst kommen‹. Die Stilformen der direkten Rede werden beibehalten; die scheinbare Präsenz eines Erzählers kann nicht darüber hinwegtäuschen, dass aus der Perspektive der Figur erzählt wird.

Aber nicht nur an solchen Formen der Redewiedergabe ist die personale Erzählhaltung erkennbar. Die Subjektivität der Wahrnehmung wird z.B. im dritten Kapitel eindrucksvoll von KAFKA inszeniert: Die Beobachtung des Vaters erfolgt aus der Optik des Insekts, sozusagen aus der Froschperspektive. Der Vater erscheint plötzlich überdimensional vergrößert: Er war **recht gut aufgerichtet, er hob die Füße ungewöhnlich hoch, und Gregor staunte über die Riesengröße seiner Stiefelsohlen** (42).

Die personale Perspektive wird allerdings nicht überall durchgehalten. An bestimmten Stellen tritt der Erzähler doch wieder in Erscheinung, so z.B., wenn er Gregors erste Gehversuche kommentiert: **Und ohne daran zu denken, daß er seine gegenwärtigen Fähigkeiten, sich zu bewegen, noch gar nicht kannte, ohne auch daran zu denken, daß seine Rede möglicherja wahrscheinlicherweise wieder nicht verstanden worden war, verließ er den Türflügel.** (21) Hier nimmt der Erzähler eine überlegene Position ein, insofern er Gregors Verhalten kritisch kommentiert. Diese Stelle ist ein gutes Beispiel dafür, dass trotz der Figurenperspektive der Erzähler dem Leser/der Leserin öfters Hinweise auf Selbsttäuschungen Gregors gibt. Diese Hinweise sind zum Teil indirekt und müssen aus dem Textzusammenhang erschlossen werden. So wird der aufmerksame Leser/die Leserin bei der folgenden Textstelle schnell Zweifel bekommen, ob vom **Zartgefühl** der Schwester wirklich die Rede sein kann:

> Außerdem stellte sie zu dem allen noch den wahrscheinlich ein für allemal für Gregor bestimmten Napf, in den sie Wasser gegossen hatte. Und aus Zartgefühl, da sie wußte, daß Gregor vor ihr nicht essen würde, entfernte sie sich eiligst und drehte sogar den Schlüssel um, damit nur Gregor merken könne, daß er es sich so behaglich machen dürfe, wie er wolle. (27)

Gregor interpretiert hier das Verhalten seiner Schwester positiv, aber es erscheint fraglich, ob das Einsperren wirklich dem Wohlbefinden Gregors dienen soll – zumal die Schwester kurz darauf das gesamte Essen **hastig in einen Kübel schüttet** (28), ohne die unberührten Speisen von den Resten zu trennen. Gregors Verhalten selbst widerspricht seiner Interpretation: Er versteckt sich trotz seiner Erstickungsanfälle unter dem Kanapee, um der Schwester seinen Anblick zu ersparen. Es ist also eher *sein* Zartgefühl, das er auf die Schwester projiziert. Im Übrigen spricht auch die beiläufige Bemerkung, der Napf sei nun wohl **ein für allemal** für Gregor bestimmt, für die Berührungsängste der ganzen Familie.[59] Auf subtile Weise wird hier die Präsenz eines Erzählers spürbar, der zwischen den Zeilen die Sicht Gregors dezent korrigiert.

Es gibt wenige Stellen, an denen sich die Figurenperspektive verändert. Im zweiten Kapitel etwa wird plötzlich die Sichtweise der Schwester eingenommen: Die Schwester bemerkt Gregors neue Lust quer über Decke und

Wände zu kriechen und sie beschließt, die Möbel aus seinem Zimmer zu schaffen. Dabei heißt es: **Nun war sie aber nicht imstande, dies allein zu tun; den Vater wagte sie nicht um Hilfe zu bitten; das Dienstmädchen hätte ihr ganz gewiß nicht geholfen [...]; so blieb der Schwester also nichts übrig, als einmal in Abwesenheit des Vaters die Mutter zu holen.** (36) Hier werden Gedankengänge der Schwester wiedergegeben, die einer anderen Person (also auch Gregor) nicht zugänglich wären. Allenfalls könnte man annehmen, dass es sich um Spekulationen Gregors handelt.

Solche Abweichungen sind aber eher die Ausnahme. Durch die weitgehend **einsinnige** Erzählweise wird eine hohe Anforderung an den Leser/die Leserin gestellt. Diesem/r werden keine fertigen Bilder der Wirklichkeit mehr geliefert, sondern nur noch subjektive Fragmente einer perspektivischen Wahrnehmung. Aus diesen Fragmenten kann sich der Leser/die Leserin selbst sein Bild zusammensetzen, indem er/sie Lücken auffüllt, Bezüge herstellt und einseitige Wahrnehmungen korrigiert. Aber auch dieses Bild wird subjektiv sein, da es einen übergeordneten Standpunkt nicht mehr gibt. KAFKA zwingt uns auf diese Weise zu der Einsicht, dass sich in unsere Wirklichkeitswahrnehmung immer vorgefasste Meinungen, Erfahrungen und persönliche Interessen schieben, die eine objektive Stellungnahme verhindern.

4.5.2 Der Erzählschluss

Am Schluss der Erzählung, von dem KAFKA selbst meinte, er sei **unvollkommen fast bis in den Grund** (19. Januar 1914, T 256), verändert sich die Erzählweise: Aus der personalen wird eine auktoriale Erzählhaltung. Dies ergibt sich zwangsläufig aus dem Tod der Hauptfigur. Möglicherweise war KAFKA deswegen so unbefriedigt, weil er nun zum konventionellen Erzählen zurückkehrt.

Allerdings greift der Erzähler zunächst wenig ein, er verlagert die Erzählung in die Perspektive der Restfamilie. Seine Präsenz ergibt sich aus der leisen Ironie, die zwischen den Zeilen durchschimmert. Die schlichte Wortwahl entspricht der biederen Idylle, die sich die Familie selbst schafft: Mutter und Tochter halten sich **umschlungen,** der Vater fordert wie in alten Zeiten **Rücksicht** für sich, die Frauen folgen ihm sofort, eilen zu ihm und **liebkosen** ihn (63). Die Sonne ist **warm** und die Aussichten **nicht schlecht.** Die Tochter wird als ein **schönes und üppiges** Mädchen beschrieben, für das ein **braver Mann** gesucht werden soll. (63) Jeder, der das Vorangehende gelesen hat, wird den Stilkontrast bemerken. Nach dem Einbruch des Schrecklichen erscheint diese fast biedermeierliche Idylle wenig glaubwürdig. Ironie bedeutet, dass hinter der Aussage das Gegenteil aufscheint.

Dies wird besonders deutlich im letzten Satz, wo sich dezidiert der Erzähler einschaltet und die Zukunftsaussichten als **neue Träume** bezeichnet. Die Einmischung des Erzählers widerruft die Vision des bescheidenen Glücks, die die Familie entwirft.[60] So werden auf subtile Weise die kleinbürgerlichen Illusionen der Familie enthüllt.

4.6 Sprache und Stil

4.6.1 Charakteristische Merkmale

Jeden Satz bei KAFKA, so schreibt ADORNO, habe der seiner selbst mächtige Geist geprägt, aber jeden Satz habe KAFKA auch den Zonen des Wahnsinns entrissen.[61] Der Widerspruch, den ADORNO hier feststellt – Kontrolle über die Sprache und zugleich Kontamination mit dem Wahnsinn, in dessen strukturauflösenden Bereich sie vordringt –, ist charakteristisch für KAFKAS Sprache allgemein: Objektivität paart sich mit Intimität[62], Nüchternheit mit Expressivität, Schlichtheit mit exzessiver Metaphorik.

KAFKA hat sich nicht – wie andere deutschsprachige Prager Autoren – dazu verleiten lassen, die Armut des Prager Deutsch mit barockem Schwulst aufzufüllen.[63] Die deutsche Sprache, die in Prag von einer Minderheit gesprochen wurde, war wortarm, spröde und **papieren** (da von der Entwicklung des Hochdeutschen isoliert und von der Beamtensprache geprägt). KAFKA gebraucht sie kreativ und stellt sie in den Dienst einer neuen Expressivität, die sich zugleich mit auffälliger Nüchternheit verbindet. Die Sprache wird bei ihm nicht bereichert, sondern intensiviert und in ihrer Ausdrucksfunktion gesteigert. Die Metaphern werden wörtlich genommen, die Sprache wird bis in die begrifflichen Randzonen hinein ausgelotet, zu ihren Extremen hin bewegt.[64] Hierzu einige Beispiele:

KAFKA spielt mit der Mehrdeutigkeit der Wörter, etwa wenn er Gregor über den **immer wechselnden, nie andauernden, nie herzlich werdenden menschlichen Verkehr** klagen lässt (6) und dabei, wie auch am Ende des URTEILS, die sexuelle Bedeutungsnuance mit einbezieht.

In Gregors Stimme mischt sich ein **schmerzliches Piepsen** (8) – das man zunächst belächeln, dann bedauern möchte. Ungewöhnliche Wortverbindungen sind bei KAFKA keine Seltenheit. Er schreibt selbst in sein Tagebuch: **Kein Wort fast, das ich schreibe, paßt zum andern, ich höre, wie sich die Konsonanten blechern aneinanderreiben** (15. Dez. 1910, T 22).

Gleich im zweiten Satz der VERWANDLUNG findet sich eine Stelle, die KAFKAS kreative und originelle Sprachverwendung deutlich macht. Dort heißt es: Gregor sah **seinen gewölbten, braunen, von bogenförmigen Versteifungen geteilten Bauch, auf dessen Höhe sich die Bettdecke, zum gänzlichen Niedergleiten bereit, kaum noch erhalten konnte.** (5) Wird die Bettdecke hier animistisch belebt oder personifiziert, sodass sie sich zum gänzlichen Niedergleiten bereit hält? Und warum kann sich die Bettdecke kaum noch *erhalten?* Ist sie wie Gregor in ihrer Existenz bedroht? In der vorliegenden Formulierung berührt sich der Satz mit Gregors unheimlicher Verwandlung: Die Dinge scheinen sich zu verselbstständigen – die Decke stellt ein eher komisches Pendant dazu dar.

4.6.2 Eine ›kleine Literatur‹

KAFKA hat seine Texte selbst eine **kleine Literatur** genannt[65], worunter er die (oft wenig beachtete) Literatur von Minderheiten verstand. Er kannte das Beispiel der jiddischen Literatur, die sich in Ghettos entwickelte und nicht an große Vorbilder gebunden war, aber gerade aus diesem Mangel ihre schöpferische Kraft bezog. KAFKA war mit dem Schauspieler Jizchak Löwy eng befreundet, dessen Theatertruppe in einem Kaffeehaus Stücke in jiddischer Sprache aufführte. Die Missachtung literarischer Autoritäten, der Instanzen von Werk, Autor und Tradition entsprach KAFKAS Einstellung. Das expressionistische Pathos bog er in Parodie und Komik um, Ideologisierungen wurden bei ihm subversiv unterlaufen, das Tragische ins Groteske verwandelt.

4.6.3 Elemente des Komischen

Die Stilmittel des Komischen, Grotesken und Satirischen werden bei KAFKA oft unterschätzt. Sie sind es jedoch, die seinem Werk die Schwere nehmen und die Absurdität der dargestellten Welt – zumindest stellenweise – ins Lachen aufheben. Das Lachen spielt bei KAFKA als Motiv eine ganz besondere Rolle – im PROCESS-Roman etwa wird an zahlreichen Stellen gelacht, wobei dem Lachen jeweils unterschiedliche Funktionen zukommen.[66]

Über das Vorlesen der VERWANDLUNG bei MAX BROD schreibt KAFKA, sie hätten es sich wohl sein lassen und **viel gelacht** (1. März 1913, BrF 320). Die Elemente des Komischen in der VERWANDLUNG sind bisher noch zu wenig untersucht worden.[67] Sie sind so zahlreich, dass sie eine grundlegende Tonalität des Textes ausmachen.

Über den Sinn und die Funktionsweise des Komischen gibt es unterschiedliche Theorien. Fast alle stimmen darin überein, dass der komische Effekt in einem Missverhältnis, einer fehlenden Übereinstimmung begründet liegt: von Erscheinung und Sein, Erwartung und Realisierung, (Sprach-) Form und Inhalt. So wirkt der pathetisch-erhabene Ton in einer Alltagssituation lächerlich, der Auftritt eines Menschen mit Wanderstiefeln bei einem festlichen Anlass komisch und die Verwechslung von Personen ist ein beliebter Lachanlass in Komödien. Auch Übertreibung und Untertreibung können in ihrer Inadäquatheit eine komische Wirkung hervorrufen.

Formen der Komik, die auf Inkongruenzen beruhen, gibt es in der VER-

WANDLUNG in großer Zahl. Dies beginnt gleich mit Gregors Verhalten nach der Verwandlung, das der wirklichen Situation völlig unangemessen ist. Statt sich mit der unheimlichen Veränderung seines Körpers zu beschäftigen, hält Gregor lange innere Monologe über die Blödsinnigkeit des frühen Aufstehens und über die Mühen seines Berufslebens. Ein Blick auf die Uhr erschreckt ihn wesentlich mehr als seine neue Existenzweise. Dass er verschlafen hat, dass er nicht mehr rechtzeitig zur Arbeit kommen wird, dass ihm ein **Donnerwetter** des Chefs bevorsteht – all dies ist für ihn beunruhigender als die Tatsache, dass sein Bauch plötzlich von **bogenförmigen Versteifungen** umgeben ist. Diese komische Spannung zwischen Gregors wirklicher Lage und seinen angestrengten Reflexionen zieht sich über mehrere Seiten. Auch die Bemerkung, er fühle sich **nicht besonders frisch und beweglich** (7), erscheint in ihrer Untertreibung lachhaft angesichts der schrecklichen Lage.

Immer wieder liefert KAFKA epische Inszenierungen, die, auf die Bühne gebracht, ihre komische Wirkung nicht verfehlen würden. Man stelle sich als Bühnenaufbau ein Schlafzimmer vor, das von drei Wänden mit je einer Tür begrenzt wird. Im Bett liegt Gregor, an allen Türen stehen Familienmitglieder, die von drei verschiedenen Seiten auf ihn einreden (Beginn des ersten Kapitels, 8). Die Szene könnte folgendermaßen aussehen:

> MUTTER *(klopft vorsichtig an die Tür zum Flur, mit sanfter Stimme)*:
> Gregor, es ist dreiviertel sieben. Wolltest du nicht wegfahren?
> GREGOR *(mit schmerzlichem Piepsen)*;
> Ja, ja, danke Mutter, ich stehe schon auf.
> VATER *(klopft an der einen Seitentür, schwach, aber mit der Faust)*:
> Gregor, Gregor, was ist denn? *(mit tiefer Stimme:)* Gregor! Gregor!
> SCHWESTER *(an der anderen Seitentür, leise klagend)*:
> Gregor? Ist dir nicht wohl? Brauchst du etwas?
> GREGOR *(liegt immer noch im Bett, spricht nach beiden Seiten)*:
> Bin schon fertig.
> SCHWESTER *(flüstert)*:
> Gregor, mach auf, ich beschwöre dich. *(Gregor denkt nicht daran aufzumachen.)*

Eine solche Komödienszene wäre nicht gerade von hoher Qualität. Aber sie bezöge ihre Wirkung aus der Übertreibung einer Alltagssituation und aus der Tatsache, dass sich die Personen der Schrecken erregenden Veränderungen nicht bewusst sind bzw. (im Fall Gregors) diese Veränderungen nicht wahrhaben wollen.

Auch Gregors Reaktion auf den dreifachen Ansturm der Familienmitglieder erscheint seltsam unangemessen. Er denkt nicht daran aufzumachen: Er **lobte die vom Reisen her übernommene Vorsicht, auch zu Hause alle Türen während der Nacht zu versperren** (8). Abgesehen von dem lächerlichen täglichen Aufwand, alle drei Zimmertüren innerhalb der eigenen Wohnung zu verschließen: Gregors Entschluss die Türen nicht aufzumachen ist grotesk, weil er sich ohnehin kaum bewegen kann – was aus der folgenden Textstelle hervorgeht: ›**Ich komme gleich**‹**, sagte Gregor langsam und bedächtig und rührte sich nicht [...]** (13). An all diesen Stellen stehen Situation und Verhalten im Widerspruch, und je größer die Diskrepanz, umso komischer die Wirkung.

Einen Höhepunkt familiärer Melodramatik erreicht die Erzählung im dritten Kapitel: Die Schwester bricht in einen **Weinkrampf** (48) aus, weil die Mutter ihr beim Säubern von Gregors Zimmer zuvorgekommen ist – ein völlig nichtiger Anlass, der eine lächerliche Kränkung der Schwester zur Folge hat. Noch komischer ist die Familienszene, die KAFKA nun beschreibt: wie nämlich

> der Vater rechts der Mutter Vorwürfe machte, daß sie Gregors Zimmer nicht der Schwester zur Reinigung überließ; links dagegen die Schwester anschrie, sie werde niemals mehr Gregors Zimmer reinigen dürfen; während die Mutter den Vater, der sich vor Erregung nicht mehr kannte, ins Schlafzimmer zu schleppen suchte; die Schwester, von Schluchzen geschüttelt, mit ihren kleinen Fäusten den Tisch bearbeitete; und Gregor laut vor Wut darüber zischte, daß es keinem einfiel, die Tür zu schließen und ihm diesen Anblick und Lärm zu ersparen. (48)

Diese Szene hätte in einem der *Rührstücke* oder *Tränenkomödien (comédies larmoyantes)*, wie sie in der zweiten Hälfte des 18. Jahrhunderts beliebt waren, einen bevorzugten Platz. Tränen flossen darin reichlich, sowohl bei familiären Konflikt- als auch Versöhnungsszenen. Hier schreit der Vater die Mutter an, die Schwester die Eltern, die Mutter schleppt den Vater ins Schlafzimmer, die Schwester bricht in Weinkrämpfe aus und trommelt laut schluchzend auf den Tisch, Gregor zischt vor Wut: Schlimmer kann es in den *comédies larmoyantes* auch nicht zugegangen sein. Bei dieser Übersteigerung der Affekte kippt jede Dramatik in Komik und Lächerlichkeit um.

Noch ein anderes Beispiel, das einer unterschiedlichen Spielart des Komischen angehört: Man stelle sich vor, jemand versucht mit einem Riesenkörper, der starr und fest ist, mühsam aus dem Bett zu steigen. Plötzlich fällt er mit einem lauten Schlag auf den Boden (12). Solch eine Szene könnte man sich gut in einem Slapstick-Film vorstellen. Oder: Ein großer Käfer versucht ein Schloss zu öffnen. Er bewegt den Schlüssel mit den Kieferzangen, wobei er teils zappelnd in der Luft hängt, teils in einem grotesken Ballett das Schloss umtanzt: **Je nach dem Fortschreiten der Drehung des Schlüssels umtanzte er das Schloß; hielt sich jetzt nur noch mit dem Munde aufrecht, und je nach Bedarf hing er sich an den Schlüssel mit der** ganzen Last seines Körpers (17). So könnte ein Käfer-Comic aussehen, in dem Tiere wie Menschen handeln und sprechen.

Komisch wirken auch übertriebene theatralische Gesten, manierierte Mimik oder schrille Töne:

> [...] da hörte er schon den Prokuristen ein lautes ›Oh!‹ ausstoßen – es klang, wie wenn der Wind saust – und nun sah er ihn auch, wie er, der der Nächste an der Türe war, die Hand gegen den offenen Mund drückte und langsam zurückwich, als vertreibe ihn eine unsichtbare, gleichmäßig fortwirkende Kraft. Die Mutter – sie stand hier trotz der Anwesenheit des Prokuristen mit von der Nacht her noch aufgelösten, hoch sich sträubenden Haaren – sah zuerst mit gefalteten Händen den Vater an, ging dann zwei Schritte zu Gregor hin und fiel inmitten ihrer rings um sie herum sich ausbreitenden Röcke nieder, das Gesicht ganz unauffindbar zu ihrer Brust gesenkt. (18)

Die Mutter als Mänade mit aufgerichteten Haaren und gefalteten Händen, in ihre ausgebreiteten Röcke fallend, der Prokurist ein affektiertes, übertrieben langes **Oh!** ausstoßend, die Hand gegen den offenen Mund gepresst: Das ist wie eine Szene aus einem Schmierentheater, kitschig und komisch, voll von expressivem Pathos – aber zugleich ist es ein Teil von KAFKAS schauerlicher Erzählung DIE VERWANDLUNG, in der sich die Welt alptraumhaft verändert. Wenn jeder Satz KAFKAS dem Wahnsinn entrissen ist, so ist auch jeder Satz in das skurrile Licht des Komischen getaucht. Komik und Humor sind die Transzendenz, mit der Kafka die bedrückende Irrationalität der Welt übersteigt. Sie sind keineswegs nur als unverbindliche Belustigung anzusehen; vielmehr stehen sie in jener langen Tradition, in der dem Lachen die Funktion seelischer Entlastung, aber auch der Distanzierung und der Subversion unerträglicher Normen, Konventionen und Machtverhältnisse zukommt.

4.7 Die Figuren der Erzählung

Das Figurenpersonal der VERWANDLUNG zentriert sich um die Familie Samsa herum, die als introvertierte Klein- oder Kernfamilie geschildert wird. Von Großeltern oder anderen Verwandten ist nicht die Rede. Die Familie ist um ein Dienstmädchen erweitert, das zwei Mal im Verlauf der Erzählung durch ein neues ersetzt wird. Die Aufnahme der drei Zimmerherren erfolgt aus finanzieller Not, da der Dienstausfall Gregors den Unterhalt der teuren Wohnung erschwert. Die Außenkontakte der Familie sind äußerst beschränkt: Nur zwei Personen aus Gregors Arbeitswelt werden ausführlich erwähnt, der Prokurist und der Chef. Ein Stubenmädchen und eine Kassiererin aus Gregors früherem Liebesleben werden kurz gestreift. So ergibt sich allein aus der Figurenkonstellation eine starke Konzentration auf den Kern der Familie, die von jedem gesellschaftlichen Leben abgeschottet zu sein scheint.

Kernfamilie		
Eltern	Vater	Mutter
Kinder	Gregor	Grete
Dienstpersonal	– Erstes Dienstmädchen (bittet um Entlassung, 29) – Zweites Dienstmädchen (schließt sich in der Küche ein, 36; wird schließlich entlassen, 46) – Drittes Dienstmädchen (alte Bedienerin, 46, 49)	
Mitbewohner	drei Zimmerherren (50 ff.)	
Berufliches Umfeld	Prokurist (11 ff.) [Chef, 6, 14] [Geschäftsdiener, 7] [Kommis, Lehrjungen, 47]	
	Fleischergeselle (62)	
Gregors Liebesleben	[Stubenmädchen, Kassiererin, 47]	

[…] = nur erwähnt, tritt als Figur nicht auf

4.7.1 Gregor

Gregors (menschlicher) Charakter kann zum großen Teil aus seiner Vorgeschichte erschlossen werden. Sein Bildungsweg (Volksschüler, Bürgerschüler, Handelsakademiker, 39) und sein Einsatz für die Familie legen eigentlich nahe, dass er zu einem verantwortungsbewussten Erwachsenen herangereift ist. In der Beschreibung der Mutter erscheint Gregor jedoch unglaublich infantil, auf dem Entwicklungsstadium eines Kindes stehen geblieben, zugleich introvertiert und fügsam: Er bleibt abends meist zu Hause (auch wenn er tagsüber in der Stadt zu tun hat), liest still die Zeitung, studiert Fahrpläne oder macht Laubsägearbeiten (13). Allerdings darf nicht übersehen werden, dass dieses Bild durch den Blick der Mutter subjektiv gefärbt ist: Es ist das Bild eines gehorsamen Sohnes, der auf sein eigenes Privatleben verzichtet, um in kindlicher Abhängigkeit zu verharren. Wie relativ solche Momentaufnahmen sein können, zeigt sich durch Widersprüche, die sich im Spektrum der Beurteilungen ergeben. So ist Gregor im Urteil der Mutter **hartnäckig** (13), während er selbst von sich sagt, er sei **nicht starrköpfig** (19) – eine objektive Instanz ist eben nicht mehr vorhanden. Auch hier gilt, dass sich der Leser/die Leserin sein/ihr eigenes Bild aus der Menge subjektiver Einzeleindrücke zusammensetzen muss.

Allerdings spricht für Gregors Gehorsamsbereitschaft auch sein sichtliches Wohlbehagen während der Militärzeit; die Fotografie, die ihn als Leutnant ausweist, zeigt ihn **sorglos lächelnd** und **Respekt für seine Haltung und Uniform** verlangend (19). Ob man ihn deswegen als autoritären Charakter bezeichnen muss[68], ist eine andere Frage. Auch wenn ihm eine gewisse Herrschsucht eigen sein mag: Entscheidender ist doch seine Rolle als Opfer, die durch die Verwandlung und seinen Tod zum Ausdruck kommt. Nach dem Bankrott des Vaters trägt Gregor bereitwillig die alleinige Last der Existenzsicherung; er verdient als Handelsreisender so viel Geld, **daß er den Aufwand der ganzen Familie zu tragen imstande war und auch trug** (30). Trotz seines infantilen Verhaltens nimmt er in gewisser Hinsicht die Stelle des Familienoberhauptes ein, auf jeden Fall die des Ernährers. Als er erfährt, dass dem Vater trotz seines geschäftlichen Unglücks ein kleines Vermögen übrig geblieben ist, mit dem die Schulden hätten abbezahlt werden können (31 f.), denkt Gregor gar nicht daran, sich über die Unehrlichkeit des Vaters zu empören. Er bleibt der fügsame Sohn: **[…] jetzt war es zweifellos besser so, wie es der Vater eingerichtet hatte** (32). Noch mit dem verfaulten Apfel im Rücken, vom Vater zu Tode verwundet, von der Schwester verlassen, denkt Gregor an seine Familie **mit Rührung und Liebe zurück** (59).

Nur selten bleibt bei der kindlichen Abhängigkeit Platz für Aggressionen; gegen Ende empfindet er **Wut über die schlechte Wartung** und schmiedet Pläne, aus Rache in die Speisekammer einzudringen (47) – um sich darauf der Meinung seiner Schwester anzuschließen, **daß er verschwinden müsse** (59).

Die finanzielle Misere wird zur Metapher für Gregors existenzielle Situation: Die **Schuld der Eltern** (6) wird zur Schuld des Sohnes und muss von diesem abgetragen werden. Das schlechte Gewissen gegenüber den Eltern kann durch keine Anstrengung und durch keinen noch so großen Verzicht entlastet werden. Selbst nach seiner Verwandlung bittet er den Prokuristen vor allem um Rücksicht auf seine Eltern: **Herr Prokurist! Schonen Sie meine Eltern!** (15) Gregor als ewig Büßender – diese Figurenkonstruktion hat manche Interpreten veranlasst, Bezüge zu einer anderen Büßerfigur herzustellen, die mit Gregor namensverwandt ist: dem *Gregorius* Hartmanns von Aue.[69]

Die Ansprüche auf ein selbstbestimmtes Leben, die Gregor gegenüber den Eltern unterdrückt, kommen gegenüber dem Chef zumindest in der Fantasie zum Ausdruck. Gregors Einstellung zum Beruf ist zutiefst ambivalent: Einerseits hofiert er den Prokuristen, ist ihm gegenüber von devoter Unterwürfigkeit, andererseits entwickelt er Rachefantasien, die auch vor Tötungswünschen nicht zurückschrecken: **Wenn ich mich nicht wegen meiner Eltern zurückhielte, ich hätte längst gekündigt, ich wäre vor den Chef** hingetreten und hätte ihm meine Meinung von Grund des Herzens aus gesagt. **Vom Pult hätte er fallen müssen!** (6) In scharfer psychologischer Analyse gestaltet KAFKA den Zwiespalt Gregors, dessen Handeln immer hinter seinen Wünschen und Vorstellungen zurückbleibt. Freud erblickte gerade in dieser Ambivalenz eine grundlegende Struktur der menschlichen Psyche: Hinter den **Kulturauflagerungen**, hinter dem normierten und durch Konventionen geregelten Verhalten verbergen sich andere Antriebe: aggressive Impulse, Tötungswünsche, erotisches Begehren.[70]

Verbotenes Begehren richtet Gregor auf seine Schwester und es ist sicher kein Zufall, dass dieses Begehren im Zusammenhang mit dem Violinspiel erwacht. Die Musik gilt seit der Romantik und seit NIETZSCHES Tragödienschrift (*DIE GEBURT DER TRAGÖDIE AUS DEM GEIST DER MUSIK*, 1871) als die Kunst, die den Menschen am ehesten zu seinen verborgenen Wünschen und Begierden zurückführt.[71] Insofern könnte man Gregors Frage: **War er ein Tier, da ihn Musik so ergriff?** (53) auch als rhetorische Frage verstehen, die eine positive Antwort in sich enthält.

Dass KAFKA Gregors inzestuöse Neigungen im Zusammenhang mit der Musik zur Sprache bringt, geht aus dem Text deutlich hervor:

> Gregor kroch noch ein Stück vorwärts und hielt den Kopf eng an den Boden, um möglicherweise ihren Blicken begegnen zu können. [...] Ihm war, als zeige sich ihm der Weg zu der ersehnten unbekannten Nahrung. Er war entschlossen, bis zur Schwester vorzudringen, sie am Rock zu zupfen und ihr dadurch anzudeuten, sie möge doch mit ihrer Violine in sein Zimmer kommen, denn niemand lohnte hier das Spiel so, wie er es lohnen wollte. Er wollte sie nicht mehr aus seinem Zimmer lassen, wenigstens nicht, solange er lebte; [...] die Schwester aber sollte nicht gezwungen, sondern freiwillig bei ihm bleiben; sie sollte neben ihm auf dem Kanapee sitzen, das Ohr zu ihm herunterneigen [...]. Gregor würde sich bis zu ihrer Achsel erheben und ihren Hals küssen, den sie, seitdem sie ins Geschäft ging, frei ohne Band oder Kragen trug. (53 f.)

Wie immer man zu der inzestuösen Ausdeutung dieser Stelle stehen mag: Es ist unverkennbar, dass sie eine starke erotische Konnotation enthält. Gregor will dem Blick seiner Schwester begegnen, er erhofft sich von ihr unbekannte ersehnte Nahrung, er will mit ihr sein Leben lang in einem Zimmer zusammen sein, er will ihren nackten Hals küssen: Die Erotik dieser Stelle ist unübersehbar. Auch dies stellt Gregor im Übrigen in die Nähe zu seinem Namensvetter Gregorius, der einem Geschwisterinzest entstammt und eine inzestuöse Beziehung mit seiner Mutter eingeht.

Dass sich KAFKA mit der Geschwisterinzest-Thematik zur Entstehungszeit der *VERWANDLUNG* befasste, beweist ein Tagebucheintrag vom 15. 9. 1912: **Liebe zwischen Bruder und Schwester – die Wiederholung der Liebe zwischen Mutter und Vater.** (T 212)

4.7.2 Die Schwester

Das besonders enge Verhältnis, das Gregor mit seiner Schwester verbindet, schlägt im Verlauf der Erzählung ins Gegenteil um. Es ist durchaus denkbar, dass KAFKA hier die Hassliebe thematisieren wollte, die sich in einem nach außen abgeschotteten, nach innen emotionalisierten Familienraum entwickeln kann. Liebes- und Hassgefühle liegen in der Treibhausatmosphäre einer isolierten Kleinfamilie nahe beieinander und können bei Veränderungen der Beziehungskonstellation leicht ins jeweilige Gegenteil umschlagen. Während sich die Schwester zunächst allein um Gregor kümmert und fast eifersüchtig um sein Wohlergehen besorgt ist, lässt diese Sorge schon im zweiten Kapitel die dahinter liegende Abscheu erkennen um dann im dritten Kapitel zunächst in betonte Nachlässigkeit, dann in offene Ablehnung umzuschlagen. Der Vernichtungswunsch geht eindeutig von der Schwester aus (vgl. 56); bezeichnenderweise wird er durch Gregors dritten Ausbruchsversuch ausgelöst, bei dem Gregor die größte (inzestuöse) Zuneigung zu seiner Schwester entwickelt. KAFKA ist ein Meister in der Darstellung von Gefühlsambivalenzen; auch wenn er sich immer wieder von der Psychoanalyse distanzierte, verbindet ihn die Überzeugung mit ihr, dass gegensätzliche Gefühlsregungen im selben Menschen gleichzeitig vorhanden sein können.

Bereits im zweiten Kapitel analysiert Gregor den Widerwillen, der sich hinter der demonstrativen Fürsorge der Schwester verbirgt: Sie tritt bei ihm ein, **als sei sie bei einem Schwerkranken oder Fremden (26)**, und als sie bei seinem Anblick erschrocken zurückfährt, schließt Gregor daraus (**Gregor durchschaute mit der Zeit alles viel genauer, 33**), dass ihre ganze Pflege nur mit der größten Überwindung erfolge: **Er erkannte daraus, daß ihr sein Anblick noch immer unerträglich war und ihr auch weiterhin unerträglich bleiben müsse, und daß sie sich wohl sehr überwinden mußte, vor dem Anblick auch nur der kleinen Partie seines Körpers nicht davonzulaufen. (34)**

Aus der Vorgeschichte Gretes wird deutlich, dass sie ihrer ordentlichen und fleißigen Namensschwester im *FAUST* nicht gerade ähnlich ist, eher sogar als deren Kontrafaktur erscheint: Ihre bisherige Lebensweise bestand darin, **sich nett zu kleiden, lange zu schlafen, in der Wirtschaft mitzuhelfen, an ein paar bescheidenen Vergnügungen sich zu beteiligen und vor allem Violine zu spielen** (32). Dass sie ein müßiggängerisches Leben als verwöhntes Bürgermädchen führte, geht auch aus der Bemerkung hervor, dass sich die Eltern **bisher häufig über die Schwester geärgert hatten, weil sie ihnen als ein etwas nutzloses Mädchen erschienen war** (34). Dass diese Nutzlosigkeit nun auf Gregor übergegangen ist, dass sich jetzt umgekehrt die Schwester in der Familie nützlich macht, beweist die Funktionsverschiebung, die unter den Familienmitgliedern stattfindet. Die Familie erscheint so als ein labiles Gleichgewicht von Kräften, das sensibel auf Veränderungen reagiert und immer auf kompensatorischen Ausgleich angewiesen ist.

4.7.3 Der Vater

Der Vater zieht aus dem Zusammenbruch seines Geschäftes Profit, insofern er den geschäftlichen Niedergang als Vorwand für sein müßiggängerisches Leben missbraucht. Daraus wird ersichtlich, wie wenig die literarische Familie der VERWANDLUNG eine Solidargemeinschaft darstellt und wie sehr die Ausbeutungsstrukturen des Berufslebens sich in den Intimraum der Familie hinein verlängern. Obwohl der Vater ein noch **gesunder** Mann ist, hat er seit fünf Jahren nichts mehr gearbeitet und **viel Fett angesetzt** (32), sodass er schwerfällig und träge geworden ist. Abends pflegt er Gregor **im Schlafrock** zu empfangen (42). Gregors Verwandlung zwingt ihn eine Stelle als Bankdiener anzunehmen; doch obwohl er nun eine beruflich niedrige Stellung einnimmt, verhält er sich in der Familie weiterhin wie ein Patriarch, der sich bedienen und umsorgen lässt:

> [...] auf die beiden Frauen gestützt, erhob er sich, umständlich, als sei er für sich selbst die größte Last, ließ sich von den Frauen bis zur Türe führen, winkte ihnen dort ab und ging nun selbständig weiter, während die Mutter ihr Nähzeug, die Schwester ihre Feder eiligst hinwarfen, um hinter dem Vater zu laufen und ihm weiter behilflich zu sein. (46)

Immer ist es der Vater, der sich gegenüber Gregor zu Gewaltakten versteigt: Er stößt ihn ins Zimmer zurück und reißt ihm dabei eine blutende Wunde, er bombardiert ihn mit Äpfeln und verwundet ihn dabei tödlich. Der Vater ist die bleibende Wunde des Sohnes, er bleibt im Machtkampf mit dem Sohn der ewig Überlegene.

Wichtig ist jedoch auch hier, dass der Vater nicht objektiv, sondern aus der Perspektive Gregors beschrieben wird. Es ist immer das Bild des Vaters im Bewusstsein des Sohnes, das dem Leser/der Leserin begegnet. Insofern gibt es durchaus Analogien zu der subjektiven Bedrohung, die im BRIEF AN DEN VATER von der Vatergestalt ausgeht: Auch hier hat der Vater etwas von der ängstigenden Unberechenbarkeit, die **alle Tyrannen haben, deren Recht auf ihrer Person, nicht auf dem Denken** gründet (BRIEF AN DEN VATER 13). Nur so lässt sich die Widersprüchlichkeit der väterlichen Erscheinung erklären, in der sich die Schwäche des Vaters mit übermächtiger Stärke verbindet. Im zweiten Kapitel vollzieht sich eine Verwandlung, die Gregor zu der Frage veranlasst: **War das noch der Vater?** (42) Der gleiche Mann, der früher müde im Bett vergraben lag und gar nicht imstande war aufzustehen, erscheint nun recht gut aufgerichtet; in eine straffe blaue Uniform mit Goldknöpfen gekleidet, wie sie Diener der Bankinstitute tragen […]; unter den buschigen Augenbrauen drang der Blick der schwarzen Augen frisch und aufmerksam hervor; das sonst zerzauste weiße Haar war zu einer peinlich genauen, leuchtenden Scheitelfrisur niedergekämmt. (42)

Mit Gregors Beobachtung vermischt sich die Erfahrung langer Jahre, **daß der Vater ihm gegenüber nur die größte Strenge für angebracht sah** (42) – und so läuft Gregor vor dem Vater davon, schwer atmend, immer auf der Flucht vor dem übermächtigen Bild, das sich auch im Fliehen nicht von ihm entfernt.

Eine Korrektur erfährt das übermächtige Vaterbild durch die Unterwürfigkeit, mit welcher der Vater den drei Zimmerherren begegnet: Er begrüßt sie im Wohnzimmer (aus dem sie die Familie vertreiben) **mit einer einzigen Verbeugung, die Kappe in der Hand** (51). Als die Zimmerherren dem Violinspiel Gretes lauschen, richtet er an sie die ängstliche Frage: **Ist den Herren das Spiel vielleicht unangenehm? Es kann sofort eingestellt werden.** (52) Dies ist vorauseilender Gehorsam und die devote Haltung verrät ein schlechtes Gewissen, das jederzeit aktiviert werden kann. Bezeichnend sind auch die sprachlichen Verrenkungen gegenüber dem Prokuristen: **Er wird die Unordnung im Zimmer zu entschuldigen schon die Güte haben.** (12) Insofern erweist sich Gregor als Sohn seines Vaters: Das Kriecherische, das er vor dem Prokuristen an den Tag legt, hat er von seinem Vater ›geerbt‹.

4.7.4 *Die Mutter*

Aus feministischer Perspektive erweckt die Mutterfigur nicht viel Freude. Sie nimmt die traditionellen weiblichen Aufgaben der Ehefrau und Mutter wahr: Sie kümmert sich um die Kinder, umsorgt den Vater, bringt ihn zu Bett und überwacht die Reinlichkeit seiner Kleidung. Für die Anstellung und Entlassung des Dienstpersonals ist sie zuständig. In ihren Entscheidungen ordnet sie sich dem Vater unter – ihre Unselbstständigkeit entspricht der Situation der meisten Ehefrauen zur Zeit KAFKAS.

Deswegen sind die wenigen Stellen interessant, an denen die Mutter ihre Meinung gegen die Position der anderen Familienmitglieder durchsetzt. Immer geht es dabei um die Verteidigung des Sohnes gegenüber dessen Ausschluss aus der Familie. Diese Verteidigung nimmt zwar bei weitem nicht die Entschiedenheit an, durch die sich die Mutter in der *MARQUISE VON O...* bei KLEIST auszeichnet (diese stellt sich schließlich ganz auf die Seite der Tochter und bezieht dezidiert gegen Vater und Sohn Stellung) – aber immerhin beweist sie dabei ein gewisses Maß an Eigenständigkeit.

Gegen den ausdrücklichen Wunsch des Vaters und der Schwester besteht die Mutter sozusagen auf ihrem natürlichen Recht den Kontakt zu Gregor aufrechtzuerhalten: **Laßt mich doch zu Gregor, er ist ja mein unglücklicher Sohn! Begreift ihr es denn nicht, daß ich zu ihm muß?** (35) Als der Vater den Sohn mit Äpfeln beschießt, wirft sie sich ihm in den Weg und bittet um **Schonung von Gregors Leben** (44) – als sei der Vater ein Souverän, der über Leben und Tod frei verfügen könnte. Und gegenüber der Schwester erhebt sie Einspruch gegen das Ausräumen von Gregors Zimmer:

> [...] ist es nicht so, als ob wir durch die Entfernung der Möbel zeigten, daß wir jede Hoffnung auf Besserung aufgeben und ihn rücksichtslos sich selbst überlassen? Ich glaube, es wäre das beste, wir suchen das Zimmer genau in dem Zustand zu erhalten, in dem es früher war, damit Gregor, wenn er wieder zu uns zurückkommt, alles unverändert findet und umso leichter die Zwischenzeit vergessen kann. (37)

Bei aller Sympathie für den Sohn bezeugt dieser Einwurf doch ihre Unfähigkeit das Ausmaß seiner Veränderung zu erfassen. Wie sie das Erwachsenwerden Gregors ignoriert und den Sohn weiterhin wie ein Kind behandelt, so verschließt sie auch die Augen vor der Verwandlung, die ihn für immer von ihr entfernt – und tut so, als handle es sich nur um eine Geschäftsreise, von der er bald wieder zurückkehren werde.

4.7.5 Die übrigen Figuren der Erzählung

Die Nebenfiguren der Erzählung sind – mit einer Ausnahme – so sehr stilisiert, dass sie eher Typen verkörpern als Menschen aus Fleisch und Blut. Dies gilt für den Prokuristen, der als Marionette und verlängerter Arm des Chefs auftritt und unter dem Deckmantel der Freundlichkeit handfeste Drohungen ausspricht. Er ist der Typ des Denunzianten, von dem Gregor alles andere als Entgegenkommen zu erwarten hat. So wie er sich verhält, ist er das potenzielle Subjekt all der **Klatschereien, Zufälligkeiten und grundlosen Beschwerden,** deren Folgen Gregor fürchtet und gegen die er sich nicht wehren kann (19 f.) – Repräsentant einer vergifteten Berufsatmosphäre, in der jeder der Feind des anderen geworden ist:

> Ihre Stellung ist durchaus nicht die festeste. Ich hatte ursprünglich die Absicht, Ihnen das alles unter vier Augen zu sagen, aber da Sie mich hier nutzlos meine Zeit versäumen lassen, weiß ich nicht, warum es nicht auch Ihre Herren Eltern erfahren sollen. Ihre Leistungen in der letzten Zeit waren also sehr unbefriedigend. (14)

Der Ausdruck **Ihre Herren Eltern** wirkt dabei unfreiwillig komisch und rückt die strenge Figur ins Lächerliche.

Eine düstere Erscheinung sind die drei Zimmerherren – seltsame Klone ein- und derselben spießbürgerlichen Mentalität, schon äußerlich miteinander fast identisch (**alle drei hatten Vollbärte,** 50), von krankhaftem Ordnungssinn getrieben: **peinlich auf Ordnung [...] bedacht** (50). Eine humorlose Dreieinigkeit, deren mittleres Glied (nur der mittlere Herr redet) verächtlich auf den Boden spuckt, schließlich die Miete verweigert und den Vater verklagen will (55). Sie vertreiben die Familie aus dem gewohnten Lebensbereich und wachen wie Richter über das aufgetischte Essen:

> Die Zimmerherren beugten sich über die vor sie hingestellten Schüsseln, als wollten sie sie vor dem Essen prüfen, und tatsächlich zerschnitt der, welcher in der Mitte saß und den anderen zwei als Autorität zu gelten schien, ein Stück Fleisch noch auf der Schüssel, offenbar um festzustellen, [...] ob es nicht etwa in die Küche zurückgeschickt werden solle. (51)

So kann man sie durchaus als Protagonisten jenes Spiels um die Macht ansehen, dessen Experte KAFKA in seinen Texten geworden ist.[72]

Eine Ausnahme in der Figurengestaltung stellt die alte Bedienerin dar, die am Ende Gregor versorgt. Während die ersten beiden Dienstmädchen wie graue Schemen auftreten und wieder verschwinden, ist sie die einzige Nebenfigur, die Konturen gewinnt. Sie ist proletarischer Herkunft, ein Kind des Volks, erdverbunden und naturhaft unverbildet. Hier scheint die Natur machtvoll über alle Schicksalsschläge gesiegt zu haben: Als **alte Witwe, die in ihrem langen Leben mit Hilfe ihres starken Knochenbaus das Ärgste überstanden haben mochte** (49), hat sie bewiesen, dass ein kräftiger Körper sich über alle Anwandlungen des Geistes hinwegsetzen kann. Diese **riesige, knochige Bedienerin mit weißem, den Kopf umflatterndem Haar** wird denn auch angestellt, **um die schwerste Arbeit zu leisten** (46). Wie der Fleischergeselle, der am Ende **in stolzer Haltung** die Treppe bis zur Familie Samsa hinaufsteigt und dann **hoch über sie hinweg** (62), besitzt auch sie jene Ungebrochenheit, die nur Menschen aufweisen, die noch nicht von des Gedankens Blässe angekränkelt sind. Gegen die zivilisatorischen Verfeinerungen setzt sie ihre ursprüngliche Grobheit und Unverblümtheit: **vor lauter Kraft und Eile schlug sie, wie oft man sie auch schon gebeten hatte, das zu vermeiden, alle Türen derartig zu, daß in der ganzen Wohnung von ihrem Kommen an kein ruhiger Schlaf mehr möglich war** (59). Gregors seltsame Tierhaftigkeit hat für sie nichts Erschreckendes – der Bereich des Naturhaften scheint ihr nicht fremd zu sein. Insofern ist sie eine jener kraftvollen Figuren, die ein Gegengewicht zu den abgemagerten Künstlern, den bleichen Junggesellen und den verängstigten Söhnen darstellen, die im Mittelpunkt von KAFKAS Erzählungen stehen. Wie der Panter, der am Ende den Hungerkünstler wirkungsvoll kontrastiert, ist auch die alte Bedienerin eine Figur des Ursprungs: frei von den Zerspaltungen der Vernunft, vielleicht noch ein Teil jenes Paradieses, das für die anderen für immer verschlossen ist.

4.8 Themen und Motive

4.8.1 Verwandlungs- und Käfermotiv

Das Verwandlungsmotiv hat eine lange Tradition und tritt in den unterschiedlichsten Formen und Kontexten auf. Seit den METAMORPHOSEN des Ovid (43 v.–18 n. Chr.) begleitet es die Literatur und erscheint in Mythen und Märchen, Legenden und Sagen. Teils aus Angst, teils mit Lust fantasieren Menschen plötzliche Identitäts- und Rollenbrüche, die ihre Existenz radikal verändern. Bei Ovid wird Niobe in einen träumenden Felsen verwandelt, Arachne in eine Spinne, Narziß verwandelt sich in eine Blume, Ceres verzaubert einen frechen Knaben in eine Eidechse. Meist dient die Verwandlung einer Bestrafung, die die Götter über die Menschen verhängen *(Bestrafungsverwandlung* oder *Degradationsverwandlung).*

In den Märchen spielt dagegen die *Erlösungsverwandlung* eine vorrangige Rolle: Der zum Tier verwandelte Mensch wird – oft durch die Liebe eines anderen Menschen – in ein menschliches Wesen zurückverwandelt. Die verwandelnde Kraft menschlicher Zuneigung mag am Ursprung solcher Menschheitsfantasien gestanden haben. Der FROSCHKÖNIG ist der paradigmatische Märchentext, in dem sich solch eine Rückverwandlung ereignet. Wiederholt wurde von Interpreten darauf hingewiesen, dass KAFKAS VERWANDLUNG als Kontrafaktur dieses Schemas anzusehen ist: So sehr sich Gregor nach der Zuneigung seiner Schwester sehnt, so sehr verweigert Grete diese Liebe, die – nach der Logik des Märchens – dem Verwandelten allein die menschliche Gestalt zurückgeben könnte. Auch in LA BELLE ET LA BÊTE erlöst die Schöne das Ungeheuer von seinem Bann und bewirkt seine Rückverwandlung in einen schönen Prinzen. Gregor jedoch wird nicht von seinem Käferdasein erlöst, sondern einem traurigen Tod überantwortet – am Ende ist er buchstäblich vertrocknet; wie der Hungerkünstler **krepiert** er an Nahrungs- und Flüssigkeitsmangel. Die naturalistische Beschreibung des toten Körpers ist recht unmärchenhaft: Er erscheint **völlig flach und trocken, man erkannte das eigentlich erst jetzt, da er nicht mehr von den Beinchen gehoben war** (60).

Aus solchen und anderen Gründen wurde die VERWANDLUNG auch als **Antimärchen** bezeichnet.[73] Der Desillusionscharakter verweigert sich dem Märchenschema des glücklichen Endes: KAFKAS Texte beschwichtigen nicht durch Versöhnung, sondern setzen die Unvernünftigkeit der Welt und der Gesellschaft ins Licht.

Die Käfergestalt war es vor allem, die eine große Zahl von Deutungsversuchen ausgelöst hat, bis hin zu der Feststellung, es handle sich um eine **fortgeführte** Metapher[74]: also eine Metapher, die so weit fortgeführt wird, dass sie ihres Vergleichscharakters beraubt wird (Gregor ist nicht *wie* ein Käfer, er *ist* ein Käfer). Im Grunde bedeutet dies, dass die Metapher als solche zerstört wird – sie verweist auf keinen Sinn mehr, der vom Bild ablösbar wäre.

Die Interpretationen werden immer dann problematisch, wenn sie das Bild des Insekts auf *eine* allegorische, symbolische oder metaphorische Bedeutung festlegen wollen. Eine solche Bedeutungsverengung würde dem disseminalen (sich zerstreuenden) Sinn von KAFKAS Texten nicht gerecht. Vielmehr wäre von einem Bedeutungsbündel auszugehen, das der Text – freilich erst bei der Lektüre – eröffnet. Der Text liefert gewisse semantische und strukturelle Vorgaben, die die Lektüre steuern, sie aber nicht von vornherein determinieren. Die Sinnproduktion ist letzten Endes dem Leser überlassen.

Nach einem sehr einfachen Schema ließen sich die Rezeptionshaltungen in positive und negative Bedeutungszuschreibungen einteilen. Je nach Situation und Erfahrungshintergrund wird der Leser/die Leserin eher dem Erschreckenden oder dem potenziell Befreienden der Verwandlung zusprechen:

1. *Positiv* lässt sich Gregors Verwandlung als Ausstieg aus unerträglichen Zwängen deuten (als ›Aussteigerfantasie‹):
   – Verweigerung gegenüber sozialem und familiärem Druck
   – Rebellion gegen berufliche Leistungszwänge
   – Sehnsucht nach einem Ausweg, der letzten Endes in den Tod mündet
2. *Negativ* kann die Verwandlung als Ausdruck der Vereinsamung Gregors, der Entfremdung, aber auch als Bestrafung und Sühne verstanden werden:
   – Ausdruck der Isolation und sozialen Einsamkeit (Außenseiterexistenz)
   – Ausdruck der Entmenschlichung durch den Beruf, besonders durch die Tätigkeit als herumgetriebener Reisender (Entfremdungserfahrung, Verdinglichung)
   – Ausdruck der Angst vor Verletzung durch zwischenmenschliche Beziehungen (**Gefühlspanzer**)
   – Strafe bzw. Sühne für verfehlte Existenz (Gregorius-Motiv, Bestrafungsverwandlung)

Bei all diesen Deutungen ist jedoch KAFKAS eindringliche Bitte an den Verleger Kurt Wolff im Gedächtnis zu behalten, das Insekt dürfe auf keinen Fall gezeichnet werden: **Das nicht, bitte das nicht!** Noch einmal insistiert KAFKA: **Es kann aber nicht einmal von der Ferne aus gezeigt werden.** (Mat. 6) Dieser Hinweis zur Titelblattgestaltung hat offensichtlich mit dem Wunsch KAFKAS zu tun die Gestalt des Insekts solle nicht als Bild determiniert und damit auch nicht in seiner Bedeutung festgelegt werden. Das Tier fungiert also eher als produktive Leerstelle, die Bedeutungen generiert, aber letzten Endes nur als Metamorphose zu denken ist: als Bedeutung, die sich selbst stets verwandelt.[75] Es ist im Übrigen bezeichnend, dass KAFKA in den Briefen und Tagebuchaufzeichnungen den Begriff des Käfers an keiner Stelle verwendet. Er spricht nur (auf das generisch Allgemeinere zurückgreifend) von **Insekt**, im Text selbst ist von **Ungeziefer** die Rede; lediglich die alte Bedienerin verwendet die Bezeichnung **Mistkäfer** (49).

Auf dem Titelblatt der Erstausgabe findet sich denn auch keine tierische Darstellung (Mat. 7): Ein Mann in Schlafrock und Pantoffeln verhüllt sein Gesicht und wendet sich von der geöffneten Tür ab. Der Einbruch einer **außerbürgerlichen** Katastrophe in eine spießbürgerliche Existenz war die Darstellungsabsicht Ottomar Starkes, der das Bild für den Verlag gezeichnet hat.[76] Auffällig ist, dass ein relativ junger Mann darauf zu sehen ist – Gregors Vater jedoch spricht von seinen **alten Tagen** (46), kann also kaum Gegenstand der Darstellung sein. So liegt nahe, dass Gregor selbst auf dem Bild dargestellt ist – die Verwandlung wäre dann Inhalt seiner Träume und seines Grauens.

Zu welchen von diesen (oder anderen) Bedeutungszuschreibungen der Leser/die Leserin tendiert, ist seine/ihre Sache. Ich möchte im Unterschied zu den gängigen Deutungen von der Funktionalität des Verwandlungsmotivs ausgehen. Welche Funktion kommt ihm im Ablauf der Erzählung zu? Dabei möchte ich den sozialpsychologischen Begriff des **Rollenbruchs** als Suchformel verwenden; er könnte die Erzählung zugleich als ungewöhnliches Beispiel einer langen Motivtradition ausweisen. Wenn man nicht von einem essenzialistischen Identitätsbegriff ausgeht, sondern die soziale Rolle (oder Rollenkonfiguration) als konstitutiv für die Identität eines Menschen ansieht[77], dann wird das breite Spektrum der Veränderungen sichtbar, auf das Gregors Verwandlung bezogen ist.

Die primären Rollen des Menschen betreffen seine Primär-Sozialisation (Stellung in der Familie, Alter, Geschlecht, Schichtzugehörigkeit), während die sekundären Rollen stärker von individuellen Entscheidungen abhängen (Berufs-Rollen, Partnerrolle, Gruppen- oder Vereinszugehörigkeit usw.). Alle diese Rollen sind mehr oder weniger konventionell festgelegt und setzen das Individuum einem Erwartungsdruck aus, der seinen Entfaltungsspielraum einengt, der ihm aber auch hilft, sich in der Gesellschaft zurechtzufinden.

Das Bezeichnende ist nun, dass in der VERWANDLUNG ein radikaler Rollenbruch konstruiert wird, der im Grunde alle sozialen Rollen tangiert. So gesehen, ist die VERWANDLUNG ein gewagtes Gedankenexperiment oder eine Versuchsanordnung, die die Koordinaten des sozialen Systems grundlegend durcheinander wirbelt. Denn alle diese Koordinaten stimmen mit einem Mal nicht mehr: Die Rolle im familialen System, die Geschlechterrolle, die Berufsrolle und all die gewohnten anderen Verhaltensweisen vom pünktlichen Aufstehen über das gemeinsame Mittagessen bis zum Studium des Fahrplans. Das damit verbundene Gedankenexperiment könnte folgendermaßen aussehen: Wie wäre es, wenn alle traditionellen Rollen und Verhaltensregeln ihren Sinn verlören, weil die Ordnung, in die man eingebunden ist, sich grundlegend geändert hat? Wenn alle Rollen veränderbar, umkehrbar, vertauschbar wären? Wenn man sich eine neue Identität erfinden, ganz neue Beziehungen eingehen und jenseits von Gut und Böse leben könnte? Dazu müsste man sich aus der gewohnten symbolischen (d.h. durch Sprache geprägten) Ordnung herauskatapultieren, aus den Systemen der Abhängigkeit und aus den zivilisatorischen Verstrickungen, um noch einmal neu anzusetzen, an irgendeinem Punkt Null der Entwicklung.

Einen solchen Weg geht Gregor in der VERWANDLUNG, aber nur ein Stück weit, da er immer noch in der symbolischen Ordnung gefangen bleibt. Dies macht sein Dilemma aus, das er gleich am Anfang artikuliert: **Ich bin in der Klemme** (19). Da gibt es ein paar Essgewohnheiten, die er ändert, die Koordination der Beinbewegungen, das Kriechen und Schauen, und auch seinen Beruf kann er nicht mehr ausüben: Aber in den anderen gewohnten Abläufen – und vor allem in den Strukturen der Sprache – bleibt er gefangen. Deswegen kommt es nicht zu einem neuen Anfang, sondern nur zu einem schnelleren Ende.

Anders ergeht es dem Affen Rotpeter im BERICHT FÜR EINE AKADEMIE, der den umgekehrten Weg zurückgelegt hat. Dieser hat nicht nur das Pfeifenrauchen und Schnapstrinken gelernt, sondern auch das Räsonnieren und Argumentieren der Menschen. Der Eintritt in die Kultur, den Rotpeter mit bewundernswerter Konsequenz vollzieht, erweist sich freilich nicht unbedingt als Fortschritt (dies macht die ironische Brechung des Textes deutlich). So wäre Gregors Weg, konsequent zu Ende gedacht, auch kein Rückschritt. Und eine positive Variante der Geschichte bestünde dann darin, dass sich Gregor und Rotpeter irgendwo in der Mitte treffen; auf halbem Weg zwischen Natur und Kultur, Menschenaffe und Mensch. An dem Ort eines Neuanfangs, wo sich Körper und Sprache, Trieb und Ordnung begegnen ohne sich gegenseitig zu zerstören. Aber das wäre eben eine andere Geschichte und sie steht nicht bei KAFKA, höchstens zwischen den Zeilen.

4.8.2 Die Angestelltenexistenz

So traumhaft die VERWANDLUNG auch sein mag, so präzise und sachlich sind die Beschreibungen, die KAFKA darin liefert. Der Text enthält trotz der perspektivischen Verzerrung exakte Analysen der Situation eines Angestellten. Dabei treten zwei Aspekte besonders hervor: die Abhängigkeitsstrukturen, die durch eine streng hierarchische Ordnung der Betriebe bedingt sind, und die Kontroll- und Zwangsmechanismen, die im Angestellten ein permanentes schlechtes Gewissen hervorrufen.

Diese kritischen Analysen werden gleich zu Beginn durch den inneren Monolog Gregors und die erlebte Rede vermittelt. Dabei zeichnet sich die literarische Darstellung dadurch aus, dass sie begriffliche Analysen durch anschauliche Bilder ersetzt. So wird die hierarchische Struktur des Betriebs durch ein Oben-Unten-Schema illustriert, das den Chef in grotesker Weise von einem Pult herunter sprechen lässt: **Es ist auch eine sonderbare Art, sich auf das Pult zu setzen und von der Höhe herab mit dem Angestellten zu reden** (6). Dass die Wut, die eine solche Behandlung erzeugt (**Vom Pulte hätte er fallen müssen!**), sozusagen nur nach innen implodiert und das Gefühl großer Ohnmacht erzeugt, zeigt der Unterschied von Gregors rebellischem Monolog und seiner angepassten Rede an den Prokuristen. Auch KAFKA selbst kannte diese Hilflosigkeit, die durch das Ausgeliefertsein des Angestellten hervorgerufen wird: Er schreibt von seiner Lust **die Tische umzuwerfen, das Glas der Schränke einzuschlagen, den Chef zu beschimpfen, und da mir schließlich doch die Kraft zur Ausführung solcher augenblicklicher Entschlüsse fehlt, tue ich nichts von alledem** (BrF 187). Die Implosion der Gefühle ist ein Charakteristikum von Gregors Situation: Sein Rebellentum findet nur in der Fantasie statt. Diese Fantasie ist jedoch ein Medium der Sozialkritik, die KAFKA mit der Erzählung verbindet. Die Atmosphäre des Misstrauens und der allseitigen Kontrolle wird beim Eintreten des Prokuristen in Gregors erlebter Rede thematisiert:

> Warum war nur Gregor dazu verurteilt, bei einer Firma zu dienen, wo man bei dem kleinsten Versäumnis gleich den größten Verdacht faßte? Waren denn alle Angestellten samt und sonders Lumpen, gab es denn unter ihnen keinen treuen ergebenen Menschen, der, wenn er auch nur ein paar Morgenstunden für das Geschäft nicht ausgenützt hatte, vor Gewissensbissen närrisch wurde und geradezu nicht imstande war, das Bett zu verlassen? Genügte es wirklich nicht, einen Lehrjungen nachfragen zu lassen – wenn überhaupt diese Fragerei nötig war –, mußte da der Prokurist selbst kommen […]. (11 f.)

Die erlebte Rede macht hier den Funktionsmechanismus der Kontrolle deutlich: Sie erzeugt ein schlechtes Gewissen (**Gewissensbisse**), das, fest im Ich verankert, auch unabhängig von der Präsenz eines Vorgesetzten seine Wirkung entfaltet. Die mahnende und strafende Autorität wird durch ihre Verinnerlichung omnipräsent. Selbst die Freizeit wird nun ganz auf die Arbeit hin ausgerichtet (**Der Junge hat ja nichts im Kopf als das Geschäft**, 13). Dass ein solches Zwangssystem den Betroffenen krank macht, geht aus der Textstelle ebenfalls hervor. Allerdings droht in solchen Fällen gleich wieder der Besuch des Krankenkassenarztes, **für den es ja überhaupt nur ganz gesunde, aber arbeitsscheue Menschen gibt** (7). Die lückenlose Überwachung lässt keine Fluchtwege mehr frei. Das Produkt solch perfekter Kontrolle wird in Gregor leibhaftig vorgeführt: Ein stets von schlechtem Gewissen geplagter, bis an die Grenzen der Belastbarkeit arbeitender Mensch, der in der beständigen Angst lebt seine Stelle zu verlieren. Die Angst vor dem Stellenverlust ist wiederum ein Grund seines kriecherischen Benehmens.

Dass diese Analyse der Angestelltensituation nicht weit von der Wirklichkeit entfernt war, zeigt eine Untersuchung Siegfried Kracauers mit dem Titel DIE ANGESTELLTEN, die wenig später (1930) entstanden ist. Darin heißt es:

> Die Konstruktion der Angestellten-Hierarchie ist an den Geist der Unternehmer gebunden. Vertreten diese den Herr-im-Haus-Standpunkt, so sind auch die Abteilungsleiter kleine Herren. In einem bestimmten militärisch durchorganisierten Betrieb muß bei Beschwerden der Instanzenzug streng eingehalten werden. Es geht so sehr gut, denken vermutlich die Herren, wenn ihre Angestellten kuschen oder sich zu Gesinnungsstrebern entwickeln; aber das haben auch die Machthaber im kaiserlichen Deutschland geglaubt.[78]

Kracauer geht in seinem Text so weit, das Schicksal der Angestellten als **moderne Sklaverei** zu bezeichnen (Mat. 11). Der Untertanengeist, der sich in solchen Strukturen herausbildet, bot eine Grundlage für verhängnisvolle Entwicklungen im 20. Jahrhundert: Der stets funktionsfähige, fügsame Mensch und der autoritäre Charakter waren Voraussetzungen für das bürokratische Vernichtungssystem, welches das Dritte Reich errichtete. KAFKA erlebte diese Zeit nicht mehr, aber sein Werk liefert einen Vorschein auf diese Entwicklungen.

4.8.3 Adoleszenzkrisen

Die VERWANDLUNG ist eine Geschichte, die von den Abhängigkeiten des Sohnes, von den Schwierigkeiten eines selbst bestimmten Lebens und den verzweifelten Versuchen erzählt sich aus diesen Abhängigkeitsstrukturen zu befreien. Insofern erinnert die Konfliktstruktur der Erzählung an die unruhige Entwicklungsphase der Adoleszenz, die etwa den Zeitraum vom 14. bis zum 20. Lebensjahr umfasst. Diese Phase ist durch tief greifende Umbrüche, durch Ablösungs- und Befreiungsversuche, durch starke Affektentladungen und durch Identitätskrisen bestimmt. Jugend und Adoleszenz gehören zu den bevorzugten Themen der Literaturepoche, in der KAFKA gelebt hat. Die Ablösung von der Elterngeneration, das Aufbegehren gegen Autoritäten, die Suche nach neuen Lebensformen, die Erschütterung einer fest gefügten Identität: All dies kennzeichnet die künstlerischen Entwicklungen zu Beginn des 20. Jahrhunderts. Nicht nur die Zeitschrift *Jugend* und die daraus abgeleitete Bezeichnung Jugendstil haben programmatischen Charakter, eine Fülle motivischer und thematischer Einlassungen finden sich in der Literatur dieser Zeit. Die Texte vermitteln einerseits die jugendliche Aufbruchstimmung und den Innovationsgeist der künstlerischen Avantgarde-Bewegungen, andererseits machen die Autoren die Krisenerfahrungen und die Identitätsproblematik selbst zum Thema ihrer dichterischen Produktionen. Die Epoche der Sprachkrise, des verunsicherten Subjekts und der Suche nach neuen Ausdrucksformen spiegelt sich gewissermaßen in den Identitätskrisen und den Sprachverwirrungen der Adoleszenz.

Wenn man bedenkt, wie sehr die Literatur zwischen 1910 und 1920 vom Aufbruchsgeist der jungen Generation geprägt war und wie sehr die Entwicklungskrisen der Jugend darin immer wieder thematisiert wurden, dann liegt es nahe, auch KAFKAS Erzählung unter diesem Aspekt zu betrachten.

Gregor Samsa ist zwar ein erwachsener Mann, der beruflich die Verantwortung für seine Familie übernommen hat; aber im Grunde ist er auf der Stufe eines pubertären oder vorpubertären Jugendlichen stehen geblieben. Erwachsene Verhaltensweisen mischen sich bei ihm mit kindlichen Abhängigkeitswünschen und Trennungsängsten.

Da gibt es einmal die Aussage der Mutter, die Gregors Kindlichkeit umschreibt: Er sitzt abends still bei den Eltern am Tisch, macht Laubsägearbeiten und liest Fahrpläne (13). Gregor wünscht sich **die Mutter zu sehen** (35) – wie ein Kind, das die Nähe der Eltern braucht. Gegen diese Signale kindlicher Abhängigkeit steht andererseits die Analyse- und Kritikfähigkeit des Erwachsenen, die sich im zweiten Teil der Rede an den Prokuristen zu Wort meldet: **Sie wissen auch sehr wohl, daß der Reisende, der fast das ganze Jahr außerhalb des Geschäftes ist, so leicht ein Opfer von Klatschereien, Zufälligkeiten und grundlosen Beschwerden werden kann, gegen die sich zu wehren ihm ganz unmöglich ist, da er von ihnen meistens gar nichts erfährt** (20). Diese Feststellung zielt heimlich auf den Prokuristen selbst, von dessen Intrigantentum Gregor keine Unterstützung zu erwarten hat. Man kann sie als Ausdruck jener verborgenen **Renitenz**[79] verstehen, die bei Gregor immer wieder durchschlägt – um dann wieder dem Gefühl hilfloser Abhängigkeit zu weichen. Der rebellische Geist Gregors zeigt sich z.B. beim Ausräumen seines Zimmers. Den Eingriff in seine Privatsphäre versucht er zunächst in Gedanken, dann durch eine wilde Aktion des Hervorbrechens zu verhindern (die Mutter fällt dabei in Ohnmacht): **Nichts sollte entfernt werden; alles mußte bleiben; die guten Einwirkungen der Möbel auf seinen Zustand konnte er nicht entbehren** (37). Die alte Bedienerin spielt auf den Eigensinn und die schnelle Kränkbarkeit Gregors an; sie glaubt in dem toten Käfer zunächst ein vertrautes Verhaltensmuster wieder zu finden: **Sie dachte, er liege absichtlich so unbeweglich da und spiele den Beleidigten** (59) – bis sie merkt, dass er ausgetrocknet und tot ist.

Hartmut Binder hat darauf aufmerksam gemacht, dass in die Erzählung Fantasien kindlicher Abhängigkeit und kleinkindhaften Verhaltens eingegangen sind.[80] Immer wieder ergeben sich neue Perspektiven auf den Text, wenn man in ihm den Blickwinkel des Kleinkindes erkennt:

- Gregor möchte vom Vater und dem Dienstmädchen aus dem Bett gehoben werden; er würde dann mit den **Beinchen** auf dem Boden weiterkrabbeln (11).
- Gregors Bemühung das Türschloss zu öffnen (er ist gerade groß genug, um den Schlüssel zu erreichen) gleicht den Türöffnungsversuchen eines kleinen Kindes; zudem wünscht sich Gregor, dass die Eltern seine Versuche mit aufmunternden Zurufen begleiten (17).
- Er belauscht wiederholt die Gespräche der Erwachsenen an der Tür.
- An bestimmten Abenden wird die Wohnzimmertür geöffnet, sodass er **die ganze Familie beim beleuchteten Tisch** sehen kann (44).
- Er findet immer mehr Spaß daran, mit allen Gliedmaßen am Boden zu kriechen.
- Er verunreinigt sein Zimmer und bekommt wie ein Kleinkind das Essen vorgesetzt.
- Aus Wut über das schlechte Essen entwickelt er Pläne in die Speisekammer einzudringen (47).

Solche literarischen Fantasien verstärken den Eindruck, dass Gregor permanent in die kindliche Abhängigkeit zurückfällt, aus der er sich andererseits zu befreien versucht. Die Ausbruchsversuche, die zu einem Kampf mit dem Vater führen, sind fehlgeschlagene Befreiungsversuche. Der Machtkampf zwischen Vater und Sohn endet mit dem Sieg des Vaters, der den Sohn nicht zur Selbstständigkeit gelangen lässt.

In diesem Kontext ist die Schlussszene des zweiten Kapitels von besonderer Bedeutung: Der **gänzlichen Vereinigung** der Eltern geht Gregors Verletzung durch den Apfelwurf des Vaters voraus. Eine seltsame Vertreibung aus dem Paradies findet hier statt: Der Paradiesesapfel als Waffe, das Paradies als Einheitsglück der Eltern, aus welchem der Sohn nun endgültig vertrieben ist. In der psychoanalytischen Interpretation von Hellmuth Kaiser wird die **gänzliche Vereinigung** der Eltern als Urszenenfantasie gedeutet.[81] Im Sinne Freuds geht die Urszene auf jene Phase der kindlichen Entwicklung zurück, in welcher das Kind die sexuelle Vereinigung der Eltern beobachtet (oder fantasiert) und dabei intuitiv spürt, dass es aus der symbiotischen Beziehung mit der Mutter durch den Vater verdrängt wurde. Die

Entwicklung zur Selbstständigkeit erfolgt nach dem Freud'schen Ödipus-Modell durch den Rückzug des Kindes aus der Mutter-Kind-Dyade, wobei dieser Rückzug durch die Zwischenkunft des Vaters bewirkt wird. Der Sohn identifiziert sich schließlich mit dem Vater (und dessen männlichen Eigenschaften) und gibt zugleich seine Rivalität zu ihm auf (**Untergang des Ödipuskomplexes**). Damit wird er im Verlauf der Pubertät der selbstständigen Beziehung zu einer anderen Frau fähig.

Soweit die Freud'sche Theorie. Das Grundkonzept des Ödipuskomplexes, auf dem es beruht, ist inzwischen von vielen Seiten in Frage gestellt worden. Problematisch ist es schon insofern, als diesem Modell ein patriarchalisches Konzept der Sozialisation zugrunde liegt. Dass Gregors Entwicklung diesem Modell nicht gehorcht (KAFKA kannte im Übrigen die Grundthesen Freuds), ist offensichtlich. Von Identifikation mit dem Vater kann nicht die Rede sein, eher vom tödlichen Machtkampf zwischen Vater und Sohn, bei dem der Sohn am Ende unterliegt. KAFKA führt das Freud'sche Modell ad absurdum: Er bläht das Ödipale ins Komische und Groteske auf und gibt die Dreiecksgeschichten der Lächerlichkeit preis, wie Deleuze und Guattari gezeigt haben. Er lässt den Sohn die einzige **schöpferische Fluchtlinie** wählen, die ihm in der geschlossenen Familienwelt der Samsas bleibt: die Flucht aus der Menschengattung, die das Sinnsystem der Familie vernichtet – die radikale Flucht über die Grenzen der Bedeutungen hinaus, in die Zerstörung aller symbolischen (väterlichen) Einschreibungen.

Es fällt auf, dass Gregors Tod von Nachdenken begleitet ist, wenn es auch ein **leeres und friedliches** Nachdenken ist (59). Unter allen Geschöpfen KAFKAS kämen am meisten die Tiere zum Nachdenken, meinte Walter Benjamin.[82] Dies gilt sicher für Gregor, der fast die ganze Erzählung über in Grübeleien versinkt und sich dadurch von den übrigen Familienmitgliedern unterscheidet. Auch in diesem Sinn ähnelt seine Situation der des Adoleszenten, dem die naive, kindliche Einheit mit der Welt plötzlich verloren gegangen ist. Ein Riss zieht sich von da an durch sein Bewusstsein, der eine mühsame Suche nach einer anderen neuen Identität in Gang setzt. Der Adoleszente ist, wie Gregor, aus dem Paradies einer ursprünglichen Einheit vertrieben und er weiß, dass er nie mehr dorthin zurückgelangen wird.

4.8.4 *Geschlechterrollen*

Trotz des großen Interesses an *Gender Studies* wurden die Geschlechterrollen in KAFKAS VERWANDLUNG bisher kaum untersucht. Eine Ausnahme bildet das KAFKA-Buch von Elizabeth Boa[83], das die Geschlechtsproblematik bei KAFKA im größeren kulturgeschichtlichen Kontext in den Blick nimmt (ihm schließe ich mich in einigen Punkten an). Hier sollen nur einige Aspekte aufgezeigt werden, die noch weiterer Ergänzung bedürfen.

Die Zeit, in der KAFKA seine Texte geschrieben hat, ist geprägt von einem neuen Männlichkeitsideal, das den gesunden, athletischen, sportlich abgehärteten Körper favorisierte. Gymnastikübungen, Schwimmen, Bewegung an der frischen Luft, gesunde Ernährung waren Programmpunkte eines Gesundheitskultes, der eine Gegenreaktion gegen das ungesunde Großstadtleben darstellte. Auch KAFKA war von dieser neuen Körperkultur beeinflusst: Für ihn verbanden sich die körperlichen Übungen (wie Rudern, Schwimmen, Radfahren, Gymnastik bei offenem Fenster) mit asketischen Tendenzen, die möglicherweise religiöse Ursprünge hatten. Zu dem athletischen Ideal kräftiger Männlichkeit konnte KAFKA allerdings wenig beitragen: Er war nicht athletisch, eher dürr, gegen Ende mehr denn je von Tuberkulose geschwächt, und auch seine literarischen Figuren sind keineswegs als Vertreter eines vitalen Athletentums anzusehen (man denke nur an den Hungerkünstler).

KAFKA fiel auch in anderer Hinsicht aus dem Raster jenes Männerbildes heraus, das später in Leni Riefenstahls Olympiade-Film und im Nationalsozialismus ideologisch funktionalisiert wurde.[84] Als Jude zählte KAFKA zu einer Menschengruppe, die spätestens seit Weiningers Schrift GESCHLECHT UND CHARAKTER (1903) als **weibisch** galt und der auf abstruse Weise die Merkmale der **männlich-vernünftigen** (christlichen) Kultur abgesprochen wurden. KAFKAS Scheu vor der Ehe, seine Empfindlichkeit als Künstler, seine mangelnde Durchsetzungskraft waren nicht dazu angetan, ihn dem neuen Jugend- und Männlichkeitsideal zuzuordnen.

Betrachtet man die Käfergestalt in der VERWANDLUNG, so erkennt man, dass sie sich einer festen Geschlechtsidentität auf seltsame Weise entzieht. Wenn es zu den Zeichen der Zeit gehörte, dass die jungen Männer ihre Körper in der Sonne trainierten, dann bildet Gregor hierzu ein trauriges Gegenbild. Im Mittelteil der Erzählung lassen sich allenfalls noch Spuren körperlicher Ertüchtigung erkennen, die aus Turnübungen an der Decke bestehen (**man atmete freier; ein leichtes Schwingen ging durch den Körper, und in der fast glücklichen Zerstreutheit, in der sich Gregor dort oben befand, konnte es geschehen, daß er zu seiner eigenen Überraschung sich losließ und auf den Boden klatschte**, 35). Gegen Ende jedoch ist Gregor völlig abgemagert und ausgetrocknet, gestorben an körperlicher Auszehrung. Die Attribute eines männlichen Körperkultes haben sich nun in überraschender Weise auf die Schwester verschoben: Der Autor spricht am Ende davon, wie schön und üppig sie **aufgeblüht** ist und wie sie in der warmen Sonne **sich erhob und ihren jungen Körper dehnte** (63).

Solche Verschiebungen inszeniert der Text an mehreren Stellen. Zunächst führt er in der Vorgeschichte die traditionelle Geschlechterdifferenzierung am Beispiel der Geschwister ein: Gregor arbeitet sich fast zu

Tode, während die Schwester vom Erwerbsleben ausgeschlossen ist. Sie achtet als Frau auf ihre Kleidung, hilft im Haushalt mit und spielt Violine. Für Gregor selbst ist die Freiheit vom Arbeitszwang ein weibliches Attribut: Reisende, die morgens in Ruhe ihr Frühstück verzehren können, vergleicht er mit **Haremsfrauen** (6). Wenn die fehlende berufliche Arbeitsverpflichtung in der Perspektive Gregors (und in der Perspektive der damaligen Zeit) die Frauen kennzeichnet, dann bedeutet die Verwandlung eine Feminisierung: Gregor ist als Käfer von der Arbeit entbunden, während jetzt umgekehrt die Schwester zur Lohnarbeit verpflichtet ist (47). An diesem Beispiel wird allerdings deutlich, dass diese Art von Geschlechterdifferenzierung nur für den gehobenen Mittelstand gilt; in den armen Familien – und die Samsas gehören am Ende dazu – müssen auch die Frauen arbeiten. Auch die knochige Bedienerin ist, als Frau aus dem Proletariat, noch in ihren alten Tagen zum Gelderwerb gezwungen.

Mit der Figur Gregors ließen sich eine ganze Reihe von Begriffen verbinden, die in Gegensatz zum Bild kraftvoller Männlichkeit stehen: Er ist schwach, kränklich, beziehungslos, ergriffen von Musik, zur **Rührung** geneigt (59). Er gehört zu den Figuren, die aus den Ordnungssystemen der Familie, der Geschlechter, des öffentlichen Lebens herausfallen – zu den randständigen Künstlern, Junggesellen und Besitzlosen. Am Ende ist er (mit der Auslöschung seines Namens) jenseits der symbolischen Ordnung angesiedelt, in einem Bereich jenseits der Sprache, durch welche die Geschlechterdifferenz konstituiert wird. Dies macht ihn den Frauen ähnlich, die in der westlichen Kultur aus der symbolischen Ordnung ausgeschlossen oder an ihren Rand gedrängt wurden; denn die Männlichkeits- und Weiblichkeitsbilder und die binäre Konstruktion der Geschlechter waren – darauf haben in der letzten Zeit feministische Autorinnen hingewiesen – Produkte einer männlichen Redeordnung, in der das Weibliche als **Ort subversiver Mannigfaltigkeit** bestimmt und ausgeschlossen wurde.[85] Dieser Nicht-Ort des Weiblichen ist auch die Leerstelle, an der Gregor sich befindet. Gregor fällt aus den Repräsentationssystemen der Kultur und ihren binären Konstruktionen heraus. Er ist weder Mann noch Frau, weder Tier noch Mensch.

4.8.5 Die Dame im Pelz

Gleich im zweiten Absatz der VERWANDLUNG ist von einem Bild die Rede, das noch an zwei weiteren Stellen des Textes erwähnt wird. Nachdem Gregor aus unruhigen Träumen erwacht ist, lässt er seinen Blick durch das Zimmer schweifen, und über dem Tisch erblickt er

> [...] das Bild, das er vor kurzem aus einer illustrierten Zeitschrift ausgeschnitten und in einem hübschen, vergoldeten Rahmen untergebracht

hatte. Es stellte eine Dame dar, die, mit einem Pelzhut und einer Pelzboa versehen, aufrecht dasaß und einen schweren Pelzmuff, in dem ihr ganzer Unterarm verschwunden war, dem Beschauer entgegenhob. (5) Die Mutter betont gegenüber dem Prokuristen, dass Gregor an dem Rahmen zwei oder drei Abende lang **geschnitzt habe** (13) – als handle es sich um eine Madonnenfigur. Für Gregor hat dieses Bild eine ganz besondere Bedeutung, denn beim Ausräumen seines Zimmers verteidigt er es leidenschaftlich gegen Mutter und Schwester. Er setzt sich auf das Glas, das seinem heißen Bauch wohltat (39). Und dann heißt es: **Er saß auf seinem Bild und gab es nicht her.** (40) Was hat es mit diesem seltsamen Bild auf sich, das gleich zu Beginn mit Gregors Verwandlung assoziiert wird, dem also durch die hervorgehobene Position ein besonderer Stellenwert innerhalb des Textes zukommt?

Dass die auf dem Bild dargestellte Dame eine Art *femme fatale* ist, dass von ihr eine erotische Verführungskraft ausgeht, ist in früheren Interpretationen wiederholt festgestellt worden. Die Pelzdame repräsentiert sicher (neben der Schwester) ein erotisches Element des Textes, und es spricht einiges dafür, den **heißen Bauch**, den Gregor auf das Bild presst, als Ausdruck sexueller Erregung zu deuten – zumal zuvor gesagt wird, dass gerade der untere Teil seines Körpers augenblicklich vielleicht der empfindlichste war (9). Kafka liebt das Spiel mit Mehrdeutigkeiten und er hat selbst einmal darauf hingewiesen, dass er bei dem **unendlichen Verkehr**, der die Erzählung DAS URTEIL beschließt, sexuelle Assoziationen hatte.

Das Animalische dieser Frau fiel den Interpreten von Anfang an auf: Die erste Textstelle insistiert so sehr auf ihrer Pelzbekleidung, dass das Wort **Pelz** gleich in drei Verbindungen wiederkehrt (Pelzhut, Pelzboa, Pelzmuff). Dadurch entsteht der Eindruck, sie sei wie ein Tier von Fell umgeben. Dafür spricht auch die Stelle, wo von der **in lauter Pelzwerk gekleideten Dame** die Rede ist (39). Die Frau als Raubtier, jedenfalls als animalisches Wesen: Solche weiblichen Darstellungen gab es in Kunst und Literatur in großer Zahl. Sie sind Teil einer langen Tradition von Männerfantasien, in denen die Frau als verführerisches Naturwesen und der Mann als vernunftbegabtes Kulturwesen erscheint. Der Frau wird dabei das Instinktiv-Triebhafte, dem Mann eine rationale und produktive Kultur schaffende Energie zugesprochen. Das Bild der Frau hat ihr Pendant in dem Bild Gregors, auf dem er als Leutnant mit der **Hand am Degen** dargestellt ist, **Respekt für seine Haltung und Uniform** verlangend (19). In der Ikonografie der Erzählung erscheinen Mann und Frau als Kontrastpaar: Laszivität steht im Gegensatz zu Haltung und Disziplin.

Dass die triviale Dualität solcher Zuschreibungen männlichen (mitunter vielleicht auch weiblichen) Projektionen entspringt, ist inzwischen durch die feministische Literaturkritik hinreichend belegt worden. Es würde verwundern, wenn KAFKA, der so kritisch mit Gemeinplätzen umging, gleich am Anfang seiner Erzählung diesem Klischee aufsäße. Und wenn, dann fragt sich, welche Funktion solchen Darstellungen zukommt.

In neueren Interpretationen[86] ist die These vertreten worden, dass KAFKA mit der Pelzdame auf einen anderen Text anspiele: auf die VENUS IM PELZ des österreichischen Autors Leopold von Sacher-Masoch (1836–1895). Die Pelzdame wäre dann weniger Klischee als Zitat. Auf eine ganze Reihe von intertextuellen Bezügen wurde aufmerksam gemacht, die einiges an Überzeugungskraft für sich verbuchen können (darauf komme ich gleich noch zurück).

Sacher-Masochs Roman war zu seiner Zeit eine Art Bestseller; er erschien zum ersten Mal 1870 und wurde bald darauf in viele Sprachen übersetzt. Von der Berühmtheit des Romans ist vor allem die Bezeichnung **Masochismus** übrig geblieben, die Krafft-Ebing in seinem Werk PSYCHOPATHIA SEXUALIS (1886) von dem Autornamen ableitete. Der Gegenstand des Romans ist ein sado-masochistisches Liebesverhältnis zwischen Severin und Wanda, zwei österreichischen Adeligen, die im Verlauf der Erzählung einen Vertrag abschließen: Dieser besteht darin, dass Severin sich zum Sklaven der Frau erniedrigt, den Namen Gregor annimmt und sich von der in Pelzwerk gekleideten Dame auspeitschen lässt. Interessant ist an dem Text (der stellenweise eine triviale Sprache verwendet) vor allem die Fallkonstruktion, die ein psychologisches Beziehungsschema entfaltet. Die Verbindung von sexueller Lust, Erniedrigung und Schmerz, die der Ausdruck Masochismus in seiner *erogenen* Version bezeichnet, ist ein kulturelles und anthropologisches Phänomen, das weit über den Roman hinaus seine Bedeutung hat. In dem Film DER NACHTPORTIER (1973, Regie: Liliana Cavani) wird dieses Schema z. B. dahingehend zugespitzt, dass die Bindung einer im KZ gefolterten Frau an ihren früheren Folterer zum Thema der Handlung gemacht wird. Die Problematik solcher Beziehungsstrukturen wurde von FREUD in einem Aufsatz mit dem Titel DAS ÖKONOMISCHE PROBLEM DES MASOCHISMUS (1924) reflektiert. FREUD geht darin der Frage nach, ob von der lustvollen Besetzung des Schmerzes und der Erniedrigung nicht eine Existenzgefährdung ausgehe, da dem Schmerz eigentlich eine Alarmfunktion zukomme. Auf die kulturgeschichtliche Umdeutung des Schmerzes als Ekstase, als Droge habe ich bereits hingewiesen (vgl. 4.2.2) – dieses Phänomen begleitet die Kultur- und besonders die Literaturgeschichte seit langer Zeit. Es steht von Anfang an quer zur aufklärerisch-rationalistischen Moderne, die durch solche Grenzphänomene abgeschreckt wurde. Ob sich die Besetzung des Schmerzes mit erotischer Lust als kulturelle Strategie zur Leidensbewältigung verstehen lässt, ist eine schwer zu beantwortende Frage.

Die neueren Interpretationen zur VERWANDLUNG legen nahe, dass die Erzählung durch ihre Bezüge zu Sacher-Masochs Roman in den Bedeutungskontext des Masochismus gestellt wird. Die Autoren zeigen vielfältige intertextuelle Bezüge auf, von denen ich nur einige herausgreifen möchte:
– Die Namen der beiden Hauptfiguren stimmen überein; beide heißen Gregor.
– Gregors Familienname Samsa lässt sich überdies als Anagramm der Anfangsbuchstaben von Sacher-Masoch verstehen.
– Das Objekt der männlichen Begierde ist in beiden Fällen eine in Pelz gehüllte Frau. In KAFKAS Erzählung wird das Bild der Pelzdame von Gregor erotisch besetzt.
– Rudloff versucht nachzuweisen, dass es im Text zu Bedeutungsverschiebungen zwischen der Pelzdame und der Schwester kommt: Beide seien Ziel von Gregors Begierde – die Pelzdame stelle eine Art Substitut für die Schwester dar.
– Gregors Erwachen aus **unruhigen Träumen** zu Beginn der Erzählung steht in Analogie zu dem Erwachen Severins/Gregors aus **wirren Träumen,** nachdem er zum ersten Mal von Wanda ausgepeitscht wurde:

Nachdem ich die Nacht wie im Fieber in wirren Träumen gelegen, bin ich erwacht. Es dämmert kaum.
Was ist wahr von dem, was in meiner Erinnerung schwebt? was habe ich erlebt und was nur geträumt? Gepeitscht bin ich worden, das ist gewiss, ich fühle noch jeden einzelnen Hieb, ich kann die roten, brennenden Streifen an meinem Leib zählen. Und *sie* hat mich gepeitscht. Ja, jetzt weiss ich alles. Meine Phantasie ist Wahrheit geworden.[87]

Der letzte Satz berührt sich mit dem Satz **Es war kein Traum** bei KAFKA, die **brennenden Streifen** am Leib sind den **bogenförmigen Versteifungen** seines Insektenkörpers und den brennenden Verwundungen vergleichbar. Ein Tagebucheintrag spricht im Übrigen dafür, dass KAFKA der Name Leopold von Sacher-Masoch bekannt war. Im August 1913, neun Monate nach Abschluss der VERWANDLUNG, schreibt er ein Dialogfragment in sein Tagebuch (T 232): die Dialogpartner heißen Leopold S. und Felice S. – was Anderson vorschnell dazu veranlasste, von einer Identifikation KAFKAS mit Sacher-Masoch auszugehen.[88] Auffällig ist allerdings auch, dass KAFKA während der Abfassung der VERWANDLUNG, am 28. November 1912, an Felice schreibt: **Wir peitschen einander mit diesen häufigen Briefen.** (BrF 138)

Auch wenn manches Spekulation bleibt: Diese und andere Berührungspunkte legen einen Bezug zur VENUS IM PELZ zweifellos nahe. Die Frage ist nur, welche interpretatorischen Schlüsse man daraus zieht. Weist dieser Textbezug Gregor als masochistischen Charakter aus? Oder gibt er dem Text insgesamt eine masochistische Färbung?

Wenn man den zum Teil trivialen Stil des Romans VENUS IM PELZ bedenkt, wird die Annahme zumindest problematisch, KAFKA benutzte den anderen Text als Sinngeber für seine Geschichte. Die gefällige Art des Schreibens konnte KAFKA kaum zum affirmativen Zitat anregen – wenn auch nicht auszuschließen ist, daß er eigene Verhaltensstrukturen in dem Roman wieder erkannte. Was die VENUS IM PELZ besonders von KAFKAS Text unterscheidet, ist die Abwesenheit von Humor und Komik. Die dargestellten sadomasochistischen Praktiken scheinen bei allem Sinn für Dramaturgie keinen Raum für ironische Distanzierung oder zur Selbstironie zu lassen. KAFKA dagegen überführt die Pelzdame buchstäblich in einen komischen Kontext – eine Prozedur, die viel eher für einen parodistischen Textbezug spricht als für einen affirmativen: Das Bild der Dame wird in einen **hübschen, goldenen Rahmen** eingefügt, den Gregor an seinen einsamen Abenden gebastelt hat. Auch die Mutter schließt sich dieser eher banalen Attribuierung an, wenn sie zum Prokuristen sagt: **Sie werden staunen, wie hübsch er ist.** (13) Was in den Interpretationen zudem oft unterschlagen wird, ist die Herkunft des Bildes: Gregor hat es **aus einer illustrierten Zeitschrift** ausgeschnitten. Ein Illustrierten-Ausschnitt in einem goldenen Rahmen, der gleich zwei Mal als **hübsch** bezeichnet wird: KAFKA scheint hier eine Lektion in schlechtem Geschmack zu erteilen. Wenn die Pelzdame bei KAFKA aus einer Illustrierten stammt, mag damit ein Werturteil über ihre wahre Herkunft mitgemeint sein.

Für einen satirischen Seitenhieb auf Sacher-Masoch gäbe es noch einen Grund, der indirekt ebenfalls mit der VERWANDLUNG zusammenhängt: Der Autor der VENUS IM PELZ hatte 1892 ein Buch mit dem Titel JÜDISCHES LEBEN IN WORT UND BILD veröffentlicht[89], in dem er das jüdische Volk und besonders dessen Familienleben unglaublich idealisierte. Alle nur erdenklichen Klischees über die jüdische Familie werden darin ausgebreitet: Die Eltern sind ihren Kindern in Liebe zugetan, die Kinder lieben ihre Eltern; die jüdischen Familien sind geprägt von höchster Moralität, ihre Nachkommen besonders zahlreich; die Wertschätzung von Ehe und Familie schließt Ehelosigkeit praktisch aus, Unverheiratete sind unter den Juden kaum anzutreffen usw.[90] Zugleich teilt Sacher-Masoch Seitenhiebe gegen die **Feinde der Familie** aus: **In unseren Tagen wird viel und von verschiedenen Seiten gegen die Familie agitiert; in Deutschland sind es die Sozialisten und die Poeten der freien Bühne, in Frankreich die Kommunisten und die naturalistische Schule, im Osten die Nihilisten, welche ihr den Untergang geschworen haben.** Diese Angriffe münden in die These, dass die Familie in ihrer festgefügten Form einem Naturgesetz entspreche: **Wer gegen die Familie ist, ist also nicht allein gegen die Religion und die Moral, sondern vor allem gegen die Natur.**[91]

Diese naturgesetzliche Festschreibung der Kleinfamilie musste KAFKA empören, der sich in seinen Erzählungen an der Tyrannei der Familie unendlich abarbeitete und der Meinung war, Eltern dürfe man die Erziehung der Kinder am wenigsten anvertrauen (Brief an die Schwester Elli, Herbst 1921, Br 343). Das Klischee der heilen jüdischen Familie, das Sacher-Masoch 1892 verbreitete, war ebenso wirklichkeitsverfälschend wie das Klischee der wilden, raubtierhaften Frau, das er für seinen Roman benutzte. KAFKA mag dieses Klischee in der Figur der Pelzdame übernommen haben; aber durch seine Verkitschung parodierte er den Roman, den er implizit mit einer Illustrierten gleichsetzte. Durch die Überführung in einen neuen Kontext wird die Pelzdame gleichsam dekonstruiert – d. h., die ihr zugeschriebene Bedeutung wird vom Text selbst wieder aufgelöst. Sehr oft ist KAFKAS satirische oder parodistische Absicht unterschätzt worden, die auf eine Entwertung oder Vernichtung mithilfe der Sprache abzielt. Die Sprache war KAFKAS wichtigstes Instrument: Sie diente nicht nur seiner Zuflucht, sondern war auch seine Waffe.

4.8.6 Schuld und Strafe

In einem Brief an seinen Verleger Kurt Wolff schlägt KAFKA vor, die drei Erzählungen DAS URTEIL, DIE VERWANDLUNG und IN DER STRAFKOLONIE unter dem Titel **Strafen** zu veröffentlichen (15.10.1915, Br 134). Auch wenn dieser Plan nie realisiert wurde, so ist er doch aufschlussreich für den Bedeutungskontext, in den KAFKA auch die VERWANDLUNG gestellt sehen wollte. Die Frage nach Schuld, Verurteilung und Strafe ist nicht nur grundlegend für den PROCESS-Roman, dessen Titel schon auf diese Thematik hinweist, sondern für das gesamte Werk. Als Jurist war KAFKA mit Rechtsfragen vertraut und seine Kenntnis der jüdischen Religion bildete den anderen (theologischen und ethischen) Rahmen, in dem er die Frage von Schuld und Strafe verorten konnte. Prozess und Verhör sind die Instrumente der Justiz, mit denen sie die Wahrheit und das Ausmaß der Schuld ermittelt; durch die alte Praxis der Folter (IN DER STRAFKOLONIE) sollte dem Körper die Wahrheit gewaltsam entrissen werden. Dass sich diese Wahrheit jedoch seltsam verflüchtigt und dass sich auch die anklagende Instanz auf unheimliche Weise verdeckt hält, zeigen KAFKAS Texte in immer neuen Variationen. Die Bestrafung scheint sich von der Beweisführung abzukoppeln, wird ohne Grund vollzogen (im PROCESS) oder von der betroffenen Person selbst durchgeführt (im URTEIL). Auch Gregor übertrifft in der VERWANDLUNG das Verdikt seiner Familie in vorauseilendem Gehorsam und deutet den bevorstehenden Tod als eine Art Selbstbestrafung: **Seine Meinung darüber, daß er verschwinden müsse, war womöglich noch entschiedener, als die seiner Schwester.** (59)

Schon in den Ausführungen Gregors zum Angestelltendasein hat KAFKA jenen Mechanismus dargestellt, der das schlechte Gewissen fest im Angestellten verankert (vgl. 4.8.2). Die Unausweichlichkeit der Schuld ist ein Thema, das KAFKA am Beispiel der Familie und der undurchschaubaren Instanzen immer neu thematisiert. Fast alle Protagonisten bei KAFKA sind Beispiele für jenen neuzeitlichen Zustand des Bewusstseins, bei dem die äußeren Instanzen (Gott, Gesetz, Gericht) durch noch wirksamere verinnerlichte Strukturen ersetzt worden sind, deren Macht gerade in ihrer Verborgenheit begründet liegt.[92] Wie sehr solche Strukturen zum *kriecherischen* Verhalten zwingen und wie hilflos sich die Versuche ausnehmen die Kontrollverluste zu kompensieren, zeigt KAFKAS Gregor Samsa ganz buchstäblich, indem er den aufrechten Gang durch Kriechen ersetzt. Auf der Ebene des Textes – und das wäre seine raffinierte Strategie – wird jedoch diese Unausweichlichkeit der Schuld sichtbar gemacht: als perverser Mechanismus der Macht, der sich über die Familie oder die beruflichen Zwänge konstituiert. In dem Begründungsdefizit von Gregors Verwandlung wird auf die Mächte verwiesen, die seinen Tod bewirken.

Dass das schlechte Gewissen und die Unterordnung, sofern sie nicht zur Selbstauslöschung führen, eine gefährliche Gehorsamsbereitschaft zur Folge haben können, zeigen die weiteren Entwicklungen im 20. Jahrhundert, die KAFKA nicht mehr erlebte. Für den zeitgenössischen Leser wird hinter dem kriechenden Käfer noch eine schrecklichere Geschichte sichtbar. Es ist die Geschichte, die die Opfer der Macht zu willfährigen Henkern werden lässt.

5 Interpretationsvorgaben zum »Brief an den Vater«

5.1 Zur Entstehung

Der BRIEF AN DEN VATER ist im November 1919 in Schelesen, einem Dorf im Norden von Prag, entstanden. KAFKA hielt sich dort in einer Pension auf, die er bereits einige Monate vorher zur Erholung aufgesucht hatte. Seit dem Ausbruch seiner Lungentuberkulose im August 1917 musste KAFKA die berufliche Arbeit immer wieder unterbrechen, um sich an Ferienorten oder bei seiner Schwester Ottla, später auch in Sanatorien von den Folgen der Krankheit zu erholen.

Der im Original über hundert Seiten umfassende **Riesenbrief** (BrM 73) dürfte im Kontext des Erholungsaufenthaltes für den Verfasser eine Entlastungsfunktion gehabt haben: Das Schreiben stellte sozusagen eine psychische Kur neben der physischen dar. KAFKA kam nämlich in einem verzweifelten Zustand nach Schelesen: Zwei seiner großen Lebensprojekte, Literatur und Ehe, schienen endgültig gescheitert.[93] In der Zeit nach dem Krankheitsausbruch drängte sich KAFKA der Eindruck auf, dass er als Schriftsteller versagt hatte. In dem Jahr vor der Entstehung des Briefes lag seine Schriftstellertätigkeit völlig brach. Er schrieb fast nichts mehr, kaum mehr Briefe und Tagebucheintragungen. Aufschlussreich ist aber ebenso, dass nach dem Aufenthalt in Schelesen nicht nur ein umfangreicher Briefwechsel (mit der Journalistin Milena Jesenská), sondern im Laufe der Zeit auch Aphorismen, Erzählungen und später der Entwurf des SCHLOSS-Romans entstanden sind. Die Abfassung des Briefes scheint eine kathartische Wirkung auf den Verfasser gehabt zu haben.

Grund für KAFKAS Niedergeschlagenheit aber war noch ein anderer: Er hatte bei seinem ersten Erholungsaufenthalt in Schelesen eine junge Frau mit Namen Julie Wohryzek kennen gelernt, mit der er sich bereits im Sommer 1919 verlobte. Der Vater jedoch hatte für Julie, die aus der untersten sozialen Schicht des Prager Bürgertums stammte (ihr Vater war Schuster und Gemeindediener einer Synagoge), nur Verachtung übrig. Gegen Ende des Briefes paraphrasiert KAFKA die Reaktion seines Vaters auf den Heiratsplan:

> Sie hat wahrscheinlich irgendeine ausgesuchte Bluse angezogen, wie das die Prager Jüdinnen verstehn, und daraufhin hast Du Dich natürlich entschlossen, sie zu heiraten. Und zwar möglichst rasch, in einer Woche, morgen, heute. Ich begreife Dich nicht, Du bist doch ein erwachsener Mensch, bist in der Stadt, und weißt Dir keinen anderen Rat, als gleich eine Beliebige zu heiraten. (50 f.)

Der anschließende Rat des Vaters lieber ein Bordell aufzusuchen, hat KAFKA zutiefst empört. Auf diese ablehnende väterliche Haltung führte KAFKA das Scheitern des Heiratsplans zurück: Die für Anfang November 1919 vorgesehene Hochzeit kam nicht zustande. Damit war sein dritter Versuch, eine Ehe einzugehen, gescheitert.[94]

In desolater Verfassung fuhr KAFKA mit seinem Freund MAX BROD nach Schelesen und verfasste dort den *BRIEF AN DEN VATER*. Aus anderen Briefen der Zeit kann man erschließen, dass er sich schon vor Antritt der Reise mit dem Gedanken trug, einen solchen Brief zu schreiben – allerdings sollte er wesentlich kürzer werden und auch wirklich mit der Post an den Vater abgeschickt werden. Noch während der Abfassung ging KAFKA davon aus, dass der Brief den Adressaten wirklich erreichen würde, wie MAX BROD in seinen Erinnerungen bezeugt:

> Trotz seines Umfangs von mehr als hundert Seiten war der Brief, wie ich aus den Gesprächen mit Franz bezeugen kann, dazu bestimmt, dem Vater wirklich übergeben zu werden (und zwar durch die Mutter), und Franz hatte eine Zeitlang die Meinung, durch diesen Brief eine Klärung der peinlich stockenden, schmerzhaft verharschten Beziehungen zum Vater herbeizuführen.[95]

Der Vater hat den Brief nie erhalten und es gibt auch keinen Beweis dafür, dass die Mutter ihn je gelesen hat. Möglicherweise hatte der Brief mit dem Schreiben selbst seinen Zweck erfüllt und musste deswegen nicht mehr zugestellt werden. Seine Funktion wäre dann eine Art Selbsttherapie gewesen, die sich an den tiefsten Verwundungen abarbeitete. Aber vielleicht fehlte KAFKA am Ende auch einfach der Mut, sich auf die Auseinandersetzungen einzulassen, die der Brief wahrscheinlich ausgelöst hätte. Jedenfalls kann man davon ausgehen, dass zu KAFKAS Lebzeiten niemand den Brief gelesen hat.

Der *BRIEF AN DEN VATER* wurde zuerst in der *Neuen Rundschau* (1952), dann von MAX BROD in dem Band *HOCHZEITSVORBEREITUNGEN AUF DEM LANDE UND ANDERE PROSA AUS DEM NACHLASS* (1953) veröffentlicht. In seine KAFKA-Biografie von 1937 hatte BROD nur kurze Auszüge eingefügt. Für die Veröffentlichung benutzte er eine maschinenschriftliche Fassung des Briefes, die KAFKA selbst angefertigt, aber nie ganz zu Ende geführt hatte. Dieses Typoskript bricht mitten in der Gegenrede des Vaters ab. Im Nachlass ist der fehlende Text durch handschriftliche Seiten ergänzt – die wiederum der Originalhandschrift fehlen. Diese Originalhandschrift wurde erst später aufgefunden, sie stand also MAX BROD noch nicht zur Verfügung; sie weicht nur geringfügig von dem Typoskript ab. Die von Jost Schillemeit herausgegebene textkritische Ausgabe (*NACHGELASSENE SCHRIFTEN UND FRAGMENTE II*) legt die Handschrift zugrunde, während die (hier verwendete) Reclam-Ausgabe der von MAX BROD herausgegebenen Fassung folgt.

5.2 Deutungsaspekte
5.2.1 Autobiografisches Dokument oder literarische Fiktion?

Da MAX BROD den BRIEF AN DEN VATER zusammen mit der erzählenden Prosa veröffentlichte, ging er wohl selbst vom literarischen Status des Briefes aus. Ähnlich hatte die *Neue Rundschau* den Brief bei der Erstveröffentlichung unter der Rubrik »Erzählungen, Dichtungen und Dramatisches« eingefügt. BROD betont mehrmals die mangelnde Übereinstimmung des Textes mit der Realität:

> Die Perspektive scheint mir da und dort verzerrt, unbewiesene Voraussetzungen laufen mit unter und werden den Fakten koordiniert; aus scheinbar ganz geringfügigen Aperçus wird ein Bau getürmt, dessen Komplikation gar nicht zu überblicken ist, ja der sich zum Schluß ausdrücklich um die eigene Achse dreht, sich selbst widerlegt und dennoch aufrechterhalten bleibt.[96]

Positiv gewendet bedeutet dies, dass KAFKA typische Literarisierungstechniken verwendet: Perspektivenverzerrung, Mischung von Fiktionalität und Faktizität, gegenseitige Spiegelung und Selbstaufhebung der Textteile, Übertreibung (**aus geringfügigen Aperçus wird ein Bau getürmt**). Gerade das Prinzip der Übertreibung ist in der modernen Prosa als häufiges Formprinzip anzutreffen: Thomas Bernhard etwa bezeichnete seine Ästhetik insgesamt als **Übertreibungskunst**.[97] KAFKA selbst spricht von der Übertreibung als Selbstbehauptungstechnik gegenüber seinem Vater: **Um mich Dir gegenüber nur ein wenig zu behaupten, zum Teil auch aus einer Art Rache, fing ich bald an, kleine Lächerlichkeiten, die ich an Dir bemerkte, zu beobachten, zu sammeln, zu übertreiben.** (23) In einer selbstreflexiven Wendung des Briefes bekennt sich KAFKA ausdrücklich zu seiner Übertreibungskunst: **Ich sage ja natürlich nicht, daß ich das, was ich bin, nur durch Deine Einwirkung geworden bin. Das wäre sehr übertrieben (und ich neige sogar zu dieser Übertreibung)** (8). In einem Atemzug negiert KAFKA hier die totalisierende Argumentationsweise seines Textes und bestätigt sie zugleich – eine rhetorische Selbstaufhebung findet hier statt, die in Texten der Moderne häufig anzutreffen ist.

Überhaupt steht KAFKAS Interesse für die Sprache und für die rhetorischen Mittel des Vaters ganz im Vordergrund der Auseinandersetzung: **Deine äußerst wirkungsvollen, wenigstens mir gegenüber niemals versagenden rednerischen Mittel bei der Erziehung waren: Schimpfen, Drohen, Ironie, böses Lachen und – merkwürdigerweise – Selbstbeklagung.** (19) Ein guter Teil des Briefes ist Sprachkritik; KAFKA enthüllt die in der Sprache verborgene Macht, die auch dann wirksam wird, wenn der Rede keine Taten folgen:

> Das Schimpfen verstärktest Du mit Drohen [...] Schrecklich war mir zum Beispiel dieses; ›ich zerreiße Dich wie einen Fisch‹, trotzdem ich ja wußte, daß dem nichts Schlimmeres nachfolgte (als kleines Kind wußte ich das allerdings nicht), aber es entsprach fast meinen Vorstellungen von Deiner Macht, daß Du auch das imstande gewesen wärest. (19 f.)

Die vulgären Redensarten des Vaters gegenüber seinen Angestellten (**Er soll krepieren, der kranke Hund,** 28) verfallen ebenso der Kritik wie die derben Reden bei Tisch (**Fressen,** 16), die den missglückten Anpassungsversuch des Vaters an das Bildungsbürgertum verraten. Im Grunde wird hier der verhängnisvolle Zusammenhang von Sprache und Macht aufgedeckt und lächerlich gemacht; KAFKAS Sprache wird selbst zu einer Waffe, die die diskursive Herrschaft des Vaters unterminiert: **Unverständlich war mir immer Deine vollständige Empfindungslosigkeit dafür, was für Leid und Schande Du mit Deinen Worten und Urteilen mir zufügen konntest, es war, als hättest Du keine Ahnung von Deiner Macht.** (15) KAFKA erhebt also den Anspruch die rhetorische Herrschaft des Vaters, die dieser nicht reflektiert, ins Bewusstsein zu heben – der Sohn betätigt sich als Aufklärer des Vaters und beweist dadurch seine Überlegenheit. Wenn es heißt: **Du aber schlugst mit Deinen Worten ohneweiters los** (15), so kann KAFKA auf dieser Ebene nun mit gleicher Münze zurückzahlen. Die Wörter verwendet er selbst als Waffe, indem er auf über hundert Seiten die Strategien der väterlichen Macht bloßlegt (vgl. dazu auch 5.2.2).

Am Ende, nach der Gegenrede des Vaters, wird der literarische Status des Briefes ausdrücklich bestätigt: **So können natürlich die Dinge in Wirklichkeit nicht aneinanderpassen, wie die Beweise in meinem Brief.** (59) Dies ist eine Aussage über den Konstruktionscharakter des Textes, der nicht ausschließt, das Wirklichkeitspartikel in ihn eingegangen sind; aber gerade durch die literarische Stilisierung, die Zuspitzung und Aneinanderfügung wird etwas der Wahrheit bloß **Angenähertes** erreicht (59) – eine Form der Wahrheit, die in ihrer Vielschichtigkeit und Untergründigkeit von keinem protokollarischen Bericht eingeholt werden könnte.

Der Aufbau des Briefes entspricht schon insofern kaum einem traditionellen biografischen Dokument, als nicht chronologisch, sondern einerseits assoziativ, andererseits thematisch geordnet erzählt wird. Hasselblatt war sogar der Meinung, der BRIEF AN DEN VATER weise eine **kunstvollere Komposition** auf als die Erzählungen.[98]

Die thematische Abfolge umfasst Themen, die auch in KAFKAS Erzählprosa eine vorrangige Rolle spielen: Erziehung in der Familie, Behandlung der Angestellten im Geschäft, Judentum, Bedeutung des Schreibens, Berufswahl, Krankheit, Sexualität und Ehe. Thematisch gipfelt der Brief in der Frage, warum die Heiratsversuche alle gescheitert sind – damit kommt der Brief am Ende zu dem Anlass zurück, der den Grund für seine Abfassung bildete. Die übergreifenden Themen, die alles miteinander verbinden, sind die Angst und das Schuldbewusstsein des Sohnes, vor allem aber die Macht des Vaters, die wie ein Leitmotiv wiederkehrt.

5.2.2 Der Vater-Sohn-Konflikt: patriarchalische Einschreibungen

Wie Gregor Samsa in der VERWANDLUNG über die **Riesengröße** der Stiefelsohlen des Vaters staunt (42), so hat der Vater in KAFKAS **Riesenbrief** eine geradezu übermenschliche, ja kosmische Dimension angenommen. Deleuze und Guattari sprechen davon, das Universum sei bei KAFKA ödipalisiert[99], also vom Machtkampf mit dem Vater und vom Schuldgefühl des Sohnes ausgefüllt. KAFKA selbst verwendet eine geografische Raummetapher:

> Manchmal stelle ich mir die Erdkarte ausgespannt und Dich quer über sie hin ausgestreckt vor. Und es ist mir dann, als kämen für mein Leben nur die Gegenden in Betracht, die Du entweder nicht bedeckst oder die nicht in Deiner Reichweite liegen. Und das sind entsprechend der Vorstellung, die ich von Deiner Größe habe, nicht viele und nicht sehr trostreiche Gegenden (54).

Der Vater wird zum **Maß aller Dinge** (12) und auch das Schreiben erscheint ganz auf den Vater zentriert: **Mein Schreiben handelte von Dir** (42) – als sei der Vater im Grunde das einzige Thema von KAFKAS Dichtung. Dass solche Textstellen von Übertreibungen leben, versteht sich von selbst. Aber die Übertreibung ist hier wie ein Vergrößerungsglas, das alles größer, aber eben auch deutlicher erkennen läßt.

Diese Deutlichkeit wird durch eine Kontrastwirkung noch verstärkt: Dem Porträt des Vaters wird das Selbstporträt des Sohnes gegenübergestellt. Ein Konstruktionsprinzip des Briefes ist die oppositionelle Begrifflichkeit: **Ich mager, schwach, schmal, Du stark, groß, breit.** (12) Mitunter bekommt man den Eindruck, dass sich der Sohn geradezu als unretouchiertes Negativ väterlicher Eigenschaften versteht. Dem Selbstvertrauen des Vaters steht die **Selbstmißachtung** (53) des Sohnes gegenüber, dem Eroberungs- und Geschäftswillen eine introvertierte Geschäftsuntüchtigkeit, der Lautstärke ein zaghafter Kammerton, dem polternden Auftreten eine scheue Sensibilität. KAFKA führt eine ganze Liste väterlicher Eigenschaften an, die er am Ende alle für sich negiert: Im Vater erkennt er **Stärke und Verhöhnung des anderen, Gesundheit und eine gewisse Maßlosigkeit, Redebegabung und Unzulänglichkeit, Selbstvertrauen und Unzufriedenheit mit jedem anderen, Weltüberlegenheit und Tyrannei, Menschenkenntnis und Mißtrauen gegenüber den meisten,** aber auch Vorzüge wie **Fleiß, Ausdauer, Geistesgegenwart, Unerschrockenheit.** Und dann heißt es lapidar: **Von alledem hatte ich vergleichsweise fast nichts oder nur sehr wenig.** (56)

Der Sohn fühlt sich niedergedrückt durch die **bloße Körperlichkeit** des

Vaters (12), aber auch durch die Redensarten und Schimpfwörter, die den kleinen Jungen betäuben (19). Der Junge reagiert auf die Wortflut mit Sprachverweigerung: **ich verlernte die Rede** (18) – eine verblüffende Bemerkung von dem, dessen Begabung die Sprache ist. Die Verschiedenheit von Vater und Sohn ist so groß, dass sie zur Vernichtung des Sohnes hätte führen können: **Jedenfalls waren wir so verschieden und in dieser Verschiedenheit so gefährlich, daß [...] man hätte annehmen können, daß Du mich einfach niederstampfen wirst, daß nichts von mir übrigbleibt.** (10)

In dieser Kartografie väterlicher Autorität herrscht die Durchsetzungskraft vor: Dominanz und Tyrannei sind die Hauptmerkmale des väterlichen Wesens. Der Sohn aber verweigert sich diesem Kampf ums Dasein, den der Vater auch in die Familie hineinträgt. Er wählt **das Nichts** (55) – besser gesagt, die Schriftstellerei, die in den Augen des Vaters ein Nichts darstellt.

Es wäre jedoch ein großer Irrtum, den BRIEF AN DEN VATER nur als privates Dokument zu betrachten und den darin ausgetragenen Konflikt als Privatfehde zwischen Vater und Sohn anzusehen: Überindividuelle Bedeutung hat er schon insofern, als er sich literarhistorisch einreihen lässt in jenen Protest gegen die Väter, der für die expressionistische Generation charakteristisch war. Dass sich eine ganze Generation von Schriftstellern an den Autoritätsstrukturen einer überkommenen patriarchalischen Gesellschaft abarbeitete, hat nicht nur mit dem Bemühen zu tun, einer alten vaterrechtlichen Ordnung den Todesstoß zu versetzen. Die Revolte der jungen Literatur zu Beginn des Jahrhunderts richtete sich gegen die spezifische Ausprägung dieser Tradition im 19. Jahrhundert, die nicht nur familiale, sondern auch soziale, politische und wirtschaftliche Dimensionen hatte. Vaterrecht und Wirtschaftsliberalismus verbanden sich zu einer mächtigen Einheit. Die Liberalisierung des Wirtschaftssystems und die damit verbundenen Konkurrenzkämpfe (vor allem in der zweiten Hälfte des 19. Jahrhunderts) fanden ihre theoretische Rechtfertigung in einer Lehre, die im Anschluss an Darwins Theorie als *Sozialdarwinismus* bezeichnet wurde. Darwins These, dass der Stärkste im Kampf ums Dasein überlebe, wurde dabei auf das gesellschaftliche und vor allem wirtschaftliche System übertragen.

Dass der Sozialdarwinismus auch in der ersten Hälfte des 20. Jahrhunderts noch seine Wirkung entfaltete, zeigte u.a. die Ideologie des Nationalsozialismus, die von dem Recht des Stärkeren und **Gesünderen** ausging und auf die Vernichtung des **lebensunwerten Lebens** abzielte. Aber auch in KAFKAS **bösem Böhmen** waren sozialdarwinistische Komponenten von äußerster Wirksamkeit.[100] In diesem Kontext bekommt KAFKAS Schreiben eine Bedeutung, die über die Verarbeitung individueller Konflikte weit hinausreicht. Seine ›Helden‹ stehen im Gegensatz zur Position hemmungslosen Machtkampfs: Sie sind, wenn nicht deren Gegenspieler, so deren Opfer. KAFKAS Interesse gilt den Schwachen, sozial Gescheiterten, den randständigen Figuren. Der Vater dagegen erscheint in der Optik des Briefes als Subjekt sozialdarwinistischer Grabenkämpfe.

Hermann Kafka stammte aus armen Verhältnissen und war schon früh gezwungen zum Lebensunterhalt der Familie beizutragen. Nachdem er als Wanderhändler durch die Lande gezogen war, konnte er sich durch die Heirat mit Julie Löwy, der Tochter eines wohlhabenden jüdischen Brauereibesitzers, gesellschaftlich verbessern. Von da an galten alle seine Bemühungen dem gesellschaftlichen Aufstieg, der sich in der Anmietung prunkvoller Wohnungen auch äußerlich manifestierte. KAFKA thematisiert in seinem Brief diesen **Lebens-, Geschäfts-, Eroberungswillen** (9) des Vaters, der mit Rücksichtslosigkeit, Verachtung der Schwächeren und eiserner Durchsetzungskraft gepaart war. Der **Kampf um das äußere Leben** (26), die **Herrschsucht** des Geschäftsmannes und die Rechthaberei erscheinen als Bestandteile jenes Kampfes ums Dasein, aus dem der Vater siegreich hervorgegangen ist. Die skrupellose Behandlung der Angestellten erscheint als Symptom des menschlichen Verfalls, der als Preis dieses Machtstrebens zu zahlen ist: **Und hätte ich, die unbedeutende Person, ihnen [den Angestellten, J. P.] unten die Füße geleckt, es wäre noch immer kein Ausgleich dafür gewesen, wie Du, der Herr, oben auf sie loshacktest.** (29) An KAFKAS Text fällt die Ausweitung der Bedeutungen ins Politische und Gesellschaftliche auf: Von der **geistigen Oberherrschaft** des Vaters ist die Rede (13), von **Gewalt und Umsturz** (25), von dem **Tyrannen** (13), der seine Untergebenen als **Vieh** beschimpft (16).

Die Kampfideologie des Sozialdarwinismus hatte KAFKA in einem ihrer leidenschaftlichsten Vertreter kennen gelernt: dem Strafrechtler Hans Gross, dessen Vorlesungen er in Prag besuchte.[101] Dieser Sozialdarwinist **fragwürdigster Sorte**[102] plädierte u. a. dafür, biologisch minderwertige Verbrecher in die Kolonien Südwestafrikas zu deportieren. Seinen Sohn, den Mediziner und Freudschüler Otto Gross, ließ er zwangsweise in eine österreichische Irrenanstalt einsperren, was nach massivem öffentlichem Protest, vor allem auf Initiative von expressionistischen Künstlern, wieder rückgängig gemacht wurde. Otto Gross, der für eine kulturrevolutionäre Version der Psychoanalyse eintrat, hatte 1913 in der expressionistischen Zeitschrift *Die Aktion* einen Aufsatz mit dem Titel ZUR ÜBERWINDUNG DER KULTURELLEN KRISE (Mat. 15) veröffentlicht, in dem er zu einer Revolution gegen die Väterwelt und die Macht der Familien aufrief:

> Man kann jetzt erst erkennen, daß in der Familie der Herd aller Autorität liegt, daß die Verbindung von Sexualität und Autorität, wie sie sich in der Familie mit dem noch geltenden Vaterrecht zeigt, jede Individualität in Ket-

ten schlägt. [...] Der Revolutionär von heute, der mit Hilfe der Psychologie des Unbewußten die Beziehungen der Geschlechter in einer freien und glückverheißenden Zukunft sieht, kämpft gegen Vergewaltigung in ursprünglichster Form, gegen den Vater und gegen das Vaterrecht.
Die kommende Revolution ist die Revolution fürs Mutterrecht.[103]

Es ist nicht unerheblich für das Verständnis des Vaterbriefes, dass KAFKA den Kämpfer für das **Mutterrecht**, Otto Gross, 1917 bei MAX BROD persönlich kennen gelernt und mit ihm den Plan entwickelt hatte, eine Zeitschrift herauszugeben. Sie sollte den Titel tragen: *Blätter zur Bekämpfung des Machtwillens*. In einem Brief an MAX BROD schrieb KAFKA einige Monate später:

> Wenn mir eine Zeitschrift längere Zeit hindurch verlockend schien [...], so war es die von Dr. Gross, deshalb weil sie mir, wenigstens an jenem Abend, aus einem Feuer einer gewissen persönlichen Verbundenheit hervorzugehen schien. Zeichen eines persönlich aneinander gebundenen Strebens, mehr kann vielleicht eine Zeitschrift nicht sein. (Mitte November 1917, Br 196)

Die persönliche Verbundenheit lag vor allem in der Kampfbereitschaft **gegen den Vater und das Vaterrecht**, die KAFKA in seinem Brief zwei Jahre später programmatisch gestaltete. Im Hintergrund dieses Kampfes wird jenseits der Vaterfigur ein obrigkeitsstaatliches Kaiserreich sichtbar, das sich in vatergleichen Herrscherfiguren verkörpert: **In Deinem Lehnstuhl regiertest Du die Welt.** (13)

Die Gegenwelt, die KAFKA zu dem Prinzip des Daseinskampfes, dem Herrschaftswillen und der Heldenverehrung errichtete, war sein Schreiben. Bei Ausbruch des Ersten Weltkriegs beschrieb er seinen ganz anders gearteten Kampf ums Dasein: **Es ist allgemeine Mobilisierung [...]. Aber schreiben werde ich trotz alledem, unbedingt, es ist mein Kampf um die Selbsterhaltung.** (31. Juli 1914, T 304). Seine Antihelden stehen im Gegensatz zum Ideal heroischer Männlichkeit: Es sind Figuren, die jenem literarischen Kampf entsprechen, den KAFKA in einem Tagebucheintrag als **Hinausspringen aus der Totschlägerreihe** und als **Trost des Schreibens** bezeichnet (T 413). Sein *BRIEF AN DEN VATER* war ein Kampf gegen das Vaterrecht und für das Recht, das die Literatur in seinem Sinn darstellte: **Selbständigkeitsversuche, Fluchtversuche, wenn auch nur mit allerkleinstem Erfolg** (55).

5.2.3 Ehehindernisse

Der *BRIEF AN DEN VATER* mündet am Ende in die Frage, warum alle Heiratsversuche KAFKAS gescheitert sind. Diesen Ausführungen widmet KAFKA mehrere Seiten, und davon hänge, so schreibt er, **das Gelingen des ganzen Briefes** ab (46). Sein Ziel ist eine Korrektur der väterlichen Meinung, die misslungenen Heiratsversuche lägen in der Reihe der sonstigen Misserfolge (47). Demgegenüber hebt der Sohn den ganz besonderen Stellenwert hervor, den das Heiraten für ihn einnimmt: **Heiraten, eine Familie gründen, alle Kinder, welche kommen, hinnehmen, in dieser unsicheren Welt erhalten und gar noch ein wenig führen, ist meiner Überzeugung nach das Äußerste, das einem Menschen überhaupt gelingen kann** (47). Zugleich ist sich KAFKA jedoch auch bewusst, dass in den meisten Fällen nicht angestrengte Reflexion, sondern nur **die allgemeinen geschlechtlichen Standes-, Volks- und Zeitsitten** zu dieser Entscheidung führen (48) – das Heiraten erfolgt in der Regel aus Gewohnheit, nicht aus nachdenklicher Entscheidung. Er dagegen habe Monate lang alle seine **Denkkraft** an den Plan des Heiratens gewendet (52). Der Unwille oder die Unfähigkeit KAFKAS den Dingen unreflektiert – der Natur und der Tradition gemäß – ihren Lauf zu lassen, unterscheidet ihn grundlegend von seinem Vater, und gerade diese Unterscheidung ist für ihn von allergrößter Bedeutung. Denn für den Sohn ist es lebensrettend, Gegenden zu entdecken, die der Vater noch nicht besetzt hält. Und dazu gehört nicht die Ehe, sondern die Ehelosigkeit; sie ist ein entscheidendes distinktives Merkmal gegenüber dem Vater: **Das wichtigste Ehehindernis aber ist die schon unausrottbare Überzeugung, daß zur Familienerhaltung oder gar zu ihrer Führung alles das notwendig gehört, was ich an Dir erkannt habe** (55 f.). Auf paradoxe Weise wäre die Familiengründung zwar ein Schritt in die Selbstständigkeit, aber in eine Selbstständigkeit, die schon vom Vater besetzt ist. Schon aus diesem Grund verbindet sich die Ehelosigkeit mit dem anderen weißen Fleck auf der väterlichen Landkarte: dem Schreiben. KAFKA hat große Angst davor, dass gerade das Heiraten seine Schriftstellerexistenz zerstören könnte – nicht nur, weil es die Zeit und das Alleinsein beschneiden, sondern weil es den Sohn auf verhängnisvolle Weise wieder in den Bannkreis des Vaters und zu dessen Lebensmodell zurückführen würde. Nur so lässt sich erklären, das KAFKA bei der väterlichen Missachtung seiner ersten Publikation das Gefühl hatte: **Jetzt bist Du frei!** und dass er sein Aufatmen in diesem Moment beschreibt: **es gab ein Aufatmen, die Abneigung, die Du natürlich auch gleich gegen mein Schreiben hattest, war mir hier ausnahmsweise willkommen** (41).

5.2.4 *Der Schluss: Die Gegenrede des Vaters*

Am Ende des Briefes erteilt KAFKA seinem Vater das Wort. Die fiktive Rede des Vaters bekommt den Status einer Verteidigungsrede, der ganze Brief damit nachträglich den Charakter eines Prozesses. In einem Schreiben an Milena Jesenská spricht KAFKA davon, es sei ein **Advokatenbrief** mit **advokatorischen Kniffen** (BrM 85). Der Kniff der Schlussrede besteht zunächst vor allem darin, dass KAFKA den Vater nochmals auf seine sozialdarwinistischen Überzeugungen festlegt und ihn, ähnlich dem Strafrechtler Hans Gross, von der Lebensuntüchtigkeit des Sohnes, von dessen Schmarotzer- und Blutsaugertum reden lässt. Hans Gross hatte für solche Leute die Deportation gefordert. In der Rede des Vaters taucht die Ungeziefer-Metapher auf, die einen Bogen zur sieben Jahre vorher entstandenen VERWANDLUNG schlägt:

> Ich gebe zu, daß wir miteinander kämpfen, aber es gibt zweierlei Kampf. Den ritterlichen Kampf, wo sich die Kräfte selbständiger Gegner messen, jeder bleibt für sich, verliert für sich, siegt für sich. Und den Kampf des Ungeziefers, welches nicht nur sticht, sondern gleich auch zu seiner Lebenserhaltung das Blut saugt. [...] Lebensuntüchtig bist Du. (57 f.)

Die Ungeziefer-Metapher, auch heute noch beliebt im Mund mancher Politiker, entstammt dem Vokabular sozialdarwinistischer Vernichtungskämpfe. Bezeichnend an der Textstelle ist im Übrigen die Anschauung von einer völligen Individualisierung des Kampfes: Jeder ist der Feind jedes anderen geworden (**jeder bleibt für sich, verliert für sich, siegt für sich**).

In der Gegenrede des Vaters wird auf raffinierte Weise die Überlebensstrategie des Sohnes karikiert: Die Ablehnung des letzten Heiratsversuchs durch den Vater hätte – in der Logik des Sohnes – eigentlich wieder zur Heirat führen müssen: **der ›Fluchtversuch‹, wie Du Dich ausdrückst, wäre ja dadurch vollkommen geworden** (58). So offenbart diese fiktive Rede das verquere Double Bind, mit dem der Sohn an den Vater, der ihn ablehnt, gebunden bleibt. Denn selbst der Bereich, in dem sich KAFKA am weitesten von seinem Vater entfernt, bindet ihn auf verhängnisvolle Weise an ihn: **Mein Schreiben handelt von Dir, ich klagte dort ja nur, was ich an Deiner Brust nicht klagen konnte.** (42)

Noch eine verhängnisvollere Art von Gebundensein enthüllt die fiktive Rede des Vaters: Sie entstammt dem Kopf des Sohnes, ist also ein Beweis für die Verinnerlichung der väterlichen Instanz. Der Vater hat sich im Inneren des Sohnes eingerichtet, sodass er buchstäblich aus dem Sohn heraus spricht – ein Bild der Introjektionsprozesse, in denen die Unausweichlichkeit der Schuld begründet liegt. Diese verinnerlichte Vaterinstanz übertrifft die reale bei weitem: **So groß ist ja nicht einmal Dein Mißtrauen gegen andere, wie mein Selbstmißtrauen, zu dem Du mich erzogen hast.** (59)

Am Ende spricht KAFKA die Hoffnung aus, der Brief möge zur Beruhigung der Konfliktpartner beitragen, er möge **beide ein wenig beruhigen und Leben und Sterben leichter machen** (59). Für den Vater hat sich dieser Wunsch sicher nicht erfüllt, da er den Brief nie gelesen hat; möglicherweise aber für den Sohn, der sich auf 103 handgeschriebenen Seiten vom Druck der Vaterbeziehung entlasten konnte. Was KAFKA freilich zu dem Zeitpunkt noch nicht wusste, war, dass durch die Berühmtheit des Sohnes der Vater wie der Sohn im Gedächtnis der Menschen überleben würden.

# Unterrichtshilfen

1 Didaktische Aspekte

Seit langem sind Kafka-Texte fester Bestandteil der Lehrpläne, die VERWANDLUNG gehört seit den Fünfzigerjahren zu den **Schulklassikern** (Krusche). So selbstverständlich diese Tradition erscheint, so problematisch ist sie im Grunde auch. Denn es war zunächst der vermeintlich überzeitliche, allgemeinmenschliche Gehalt von Kafkas Texten, der zur Beschäftigung im Unterricht mit ihnen verlockte. Dieser enthistorisierende Umgang vernachlässigte oft die kulturelle Verankerung des Werks und übersah seine satirische und sozialkritische Dimension. Hat die ideologie- und gesellschaftskritische Wende seit Anfang der Siebzigerjahre hier Korrekturen und Akzentverschiebungen angebracht, so bleibt bis heute das Vorurteil bestehen, Kafkas Texte seien – in ihrer traumhaften Qualität – abgehoben von der gesellschaftlichen Wirklichkeit, zudem düster, pessimistisch und lebensfeindlich. Die starke Beeinflussung Kafkas durch die grotesken Übertreibungsgesten des Stummfilms, den er über alles liebte (Zischler), und durch die satirische Komik des jiddischen Theaters wurde wenig zur Kenntnis genommen. In der parodistischen und komischen Stimmungslage seiner Texte und in den gesellschaftlichen Bezügen liegen jedoch Anschlussstellen für Schüler/Schülerinnen und Studierende, die das gängige Klischee des **Kafkaesken** zu relativieren vermögen.

Im Unterricht sollte man sich diese Vorurteilsstruktur bewusst machen und eine zum Zeil distanzierte oder sogar ablehnende Haltung mancher Schüler einkalkulieren. Dabei kann es sinnvoll sein, zunächst auch ablehnende Äußerungen in das Unterrichtsgespräch mit einzubeziehen.

Die komische und satirische Qualität, die auch die VERWANDLUNG auszeichnet, sollte stärker in den Unterricht integriert werden. Für die Schule ist der Komiker KAFKA erst noch zu entdecken. Interpretationsversuche in dieser Richtung (z. B. *Diskussion Deutsch* 1983, H. 72) sind bisher auf wenig Widerhall gestoßen. Ein eigenes Kapitel in diesem Band will zu solchen Schritten ermutigen. Die Bedeutung des Lachens und des Komischen als Infragestellung von Autorität hat in der Literatur eine lange Tradition, in die sich auch Kafka einreihen lässt.

Für Jugendliche bietet Kafkas Erzählung zudem zahlreiche Bezugspunkte. So ist zwar das patriarchalische Familienmodell, an dem sich Kafka in der VERWANDLUNG abarbeitete, heutigen Jugendlichen fergerückt. Doch die Analyse offener und verborgener Abhängigkeitsstrukturen, der Doppelbödigkeit von Beziehungssystemen, der hinter Zuneigung verborgenen Aggressivität ist auch für gegenwärtige Leser/Leserinnen von unverminderter Aktualität. Das Schwanken Gregors zwischen Abhängigkeit und Ablösung macht ihn den adoleszenten Helden verwandt, die zahlreiche Texte um die Jahrhundertwende bevölkern. Jugend und Adoleszenz waren die großen Themen der Jahrhundertwende, des Jugendstils und des Expressionismus. Das Thema Adoleszenz situiert die Erzählung neu im Kontext einer Epoche, die als **culture of adolescence** (Neubauer) bezeichnet wurde. Kafkas Text kann zum Anlass für Jugendliche werden, sich schreibend, reflektierend und diskutierend mit den eigenen Ablösungsängsten und Freiheitsbedürfnissen auseinander zu setzen und die Geschichte und Krisenanfälligkeit bürgerlicher Familienmodelle besser zu verstehen. Dies gilt auch für den Konflikt zwischen Vater und Sohn, der im BRIEF AN DEN VATER ins Zentrum rückt.

Die Erzählweise der VERWANDLUNG ist repräsentativ für die literarische Moderne. Die personale Perspektivierung, das **einsinnige** Erzählen, die Formen der erlebten Rede und des inneren Monologs sind grundlegende Erzähltechniken, die mit der Individualisierung des Bewusstseins Hand in Hand gehen und die Literatur bis zur Gegenwart prägen. Im Rahmen des Unterrichts empfiehlt es sich besonders, die Erzählanalyse nicht als Selbstzweck anzusehen, sondern die Erzählformen im Zusammenhang moderner Bewusstseinsentwicklungen begreiflich zu machen.

Ein Grundproblem bei der Lektüre der VERWANDLUNG dürfte der Widerspruch sein, der sich dem sinnverstehenden Lesen immer wieder in den Weg stellt: Dem legitimen Bedürfnis nach Sinn widerspricht die Bedeutungsstruktur des Textes, die sich einer Sinnfixierung gerade entzieht (dies zeigt sich z. B. bei dem Versuch, die Käfermetapher auf eine bestimmte Bedeutung festzulegen). Trotz aller diskursanalytischen und dekonstruktiven Verfahren bleibt jedoch die Forderung bestehen, dass in der Unterrichtssituation von einem hermeneutischen (also auf Sinnverstehen ausgerichteten) Umgang mit Texten auszugehen ist. Die VERWANDLUNG bietet zahllose Sinnangebote, die sich dem/der produktiven Leser/Leserin allerdings sofort wieder als vorläufig und relativ erweisen. Den Schülern/Schülerinnen kann so die Einsicht vermittelt werden, dass sich dogmatische Erstarrung mit der Dynamik literarischer Texte nicht vereinbaren lässt, dass die Literatur sich dem Zwang des Faktischen und Messbaren entzieht, dass sie aber gleichzeitig immer auf Sinn und Bedeutung bezogen bleibt und noch in der Darstellung einer scheinbar sinnlosen Käferexistenz auf den abwesenden Sinn, zumindest als negative Utopie, verweist.

2 Didaktisch-methodische Literatur

Für den Unterricht sind die von Peter Beicken herausgegebenen ERLÄUTERUNGEN UND DOKUMENTE (1995) von Bedeutung, die insbesondere ein informatives Kapitel zur Geschichte des Verwandlungsmotivs und eine Übersicht über die Sekundärliteratur enthalten. Das Schülerarbeitsbuch und der Lehrerband FRANZ KAFKA – KLASSIKER DER MODERNE von Karlheinz Fingerhut (1981) bieten zahlreiche Paralleltexte, Quellen und Dokumente (weniger Sekundärliteratur); der VERWANDLUNG ist ein eigenes Kapitel gewidmet. Für die Gestaltung von Unterrichtsreihen bietet dieser Doppelband reichliches Material. Vom selben Autor liegt inzwischen auch der wichtige Band KAFKA FÜR DIE SCHULE (1996) vor, der ebenfalls ein eigenes Kapitel zur VERWANDLUNG enthält. Eine fundierte wissenschaftliche Einführung bietet Ulf Abrahams VERWANDLUNGS-Band in der Reihe GRUNDLAGEN UND GEDANKEN ZUM VERSTÄNDNIS ERZÄHLENDER LITERATUR (1993). Die Stundenblätter (DIE VERWANDLUNG, DAS URTEIL) von Uwe Stamer

(6. Aufl. 1994) sind nicht mehr auf dem neuesten Stand. Darin findet sich auch einer der wenigen Unterrichtsentwürfe zum BRIEF AN DEN VATER (8./9. Stunde). Ein **literaturdidaktisches Konzept** zur VERWANDLUNG hat Uwe Jahnke in dem gleichnamigen Buch vorgelegt (1990), in dem er eine dezidiert gesellschaftskritische Position einnimmt. Trotz gewisser Einseitigkeiten ist dieser Band als sinnvolle Ergänzung zu den anderen literaturdidaktischen Entwürfen anzusehen. Auf sehr anspruchsvollem Niveau bewegt sich der von Klaus-Michael Bogdal herausgegebene Band NEUE LITERATURTHEORIEN IN DER PRAXIS (1993), der am Beispiel von Kafkas VOR DEM GESETZ unterschiedliche, für die Schulpraxis relevante Lektüreweisen verfolgt. Zahlreiche Kafka-Aufsätze sind in den einschlägigen didaktischen Zeitschriften (*Der Deutschunterricht, Diskussion Deutsch* u. a.) erschienen; auf sie kann im Einzelnen nicht eingegangen werden.

Zum BRIEF AN DEN VATER sind vor allem die Anmerkungen und Erläuterungen in der hier verwendeten Reclam-Textausgabe (UB 9674) zu empfehlen. Unter den zahllosen Interpretationen zum Vaterbrief sind kaum literaturdidaktische Entwürfe anzutreffen.

3 Unterrichtsreihen

A. *Thematische Verwandtschaft*
1. Außenseiter, Ausgrenzungssysteme
   Franz Kafka: DER VERSCHOLLENE
   Friedrich Schiller: DER VERBRECHER AUS VERLORENER EHRE
   Franz Grillparzer: DER ARME SPIELMANN
   Max Frisch: ANDORRA
   Wolfdietrich Schnurre: JENÖ WAR MEIN FREUND
   Inger Edelfeldt: JIM IM SPIEGEL
   Ruth Klüger: WEITER LEBEN
2. Adoleszenzkonflikte
   Hermann Hesse: UNTERM RAD
   Franz Wedekind: FRÜHLINGS ERWACHEN
   Robert Musil: DIE VERWIRRUNGEN DES ZÖGLINGS TÖRLESS
   Hans Henny Jahnn: DIE NACHT AUS BLEI
   Georges-Arthur Goldschmidt: DIE ABSONDERUNG
   Christine Nöstlinger: PFUI SPINNE!
3. Rollenbrüche
   Heinrich von Kleist: DIE MARQUISE VON O...
   Thomas Mann: TRISTAN
   Bertolt Brecht: DIE UNWÜRDIGE GREISIN
   Peter Handke: DIE STUNDE DER WAHREN EMPFINDUNG
4. Vater-Sohn-Konflikt, Generationenkonflikt
   Franz Kafka: DAS URTEIL
   Friedrich Schiller: DON CARLOS
   Heinrich von Kleist: PRINZ FRIEDRICH VON HOMBURG
   Theodor Storm: CARSTEN CURATOR, DER HERR ETATSRAT
   Alfred Döblin: HAMLET ODER DIE LANGE NACHT HAT EIN ENDE

Christoph Meckel: *Suchbild*
Peter Härtling: *Nachgetragene Liebe*
B. *Epochenkontext*
Expressionismus
Arnolt Bronnen: *Vatermord*
Walter Hasenclever: *Der Sohn*
Alfred Döblin: *Die Ermordung einer Butterblume*
Gottfried Benn: »Ein Trupp hergelaufener Söhne schrie« (Mat. 18)
Georg Heym: *Der Gott der Stadt, Der Abend*
Ernst Wilhelm Lotz: *Aufbruch der Jugend*
C. *Gattung*
Novelle
Gottfried Keller: *Kleider machen Leute, Pankraz der Schmoller*
Theodor Storm: *Der Schimmelreiter*
Robert Musil: *Die Verwirrungen des Zöglings Törless*
Martin Walser: *Ein fliehendes Pferd*
Günter Grass: *Katz und Maus*
Patrick Süskind: *Die Taube*

4 Unterrichtssequenzen

Die Unterrichtssequenzen sind für die Sekundarstufe II konzipiert. Sie bieten zahlreiche Alternativplanungen (z. B. 2.a., 2.b. usw.), die zusammen mit den Materialien auch als Bausteine für die eigene Unterrichtsplanung verwendet werden können – dabei sind Inhalte und Arbeitsformen den eigenen Bedürfnissen anzupassen.

Verwendete Abkürzungen:

A	= Alternative		PA	= Partnerarbeit
GA	= Gruppenarbeit		PRO	= produktionsorientierte Themen- oder Aufgabenstellung
GK	= Grundkurs			
HA	= Hausaufgabe		Ref	= Referat
KRef	= Kurzreferat		S	= Schüler/in, Schüler/innen
LK	= Leistungskurs		StA	= Stillarbeit
L	= Lehrer/in		SV	= Schülervortrag
LV	= Lehrervortrag		TA	= Tafelanschrift
			UG	= Unterrichtsgespräch

»Die Verwandlung«
Im Folgenden werden zwei alternative Unterrichtseinstiege für die *Verwandlung* vorgeschlagen (jeweils als Doppelstunde): Die erste Doppelstunde setzt bei der für die Erzählung zentralen Familienthematik ein, diskutiert traditionelle und bestehende Familienmodelle und mündet in einen produktionsorientierten Umgang mit dem Thema. Der Alternativeinstieg geht von dem Verwandlungsmotiv aus, fragt nach literarischen (und filmischen) Verwandlungsdarstellungen, diskutiert zwei unterschiedliche Verwandlungstexte und führt schließlich zum kreativen Umgang mit Verwandlungsfantasien.

Stunden	Thema	Didaktische Aspekte (Inhalte/Ziele)
1./2.	Familien und Familienkonflikte	Unterschiedliche Darstellungen von Familien und Familienkonflikten in Literatur, Theater, Film, Soap Operas, Werbung. Ausblendung von Familienkonflikten in der Werbung (idyllisches Familienleben)
		Historische Bedingtheit familialer Modelle und Konfliktstrukturen
		Heutige Familiensituation: Realität und Idealität, Wunschvorstellungen, Zukunftsmodelle
		Vielfalt der Gestaltungsmöglichkeiten von Familienkonflikten. Zusammenhang von Gattungsform und Inhalt, von Inhalt und Darstellungstechniken (Parodie, Verzerrung ins Groteske, Satire, Übertreibung). Unterschiedliche Wirkungsabsichten (Rührung, Verspottung, Verständnis, Einsicht in menschliche Unzulänglichkeit, Kritik, Utopie)

Methodische Realisierung/ Verlauf	Hausaufgabe

1. Einstieg: Bild »Familienglück« aus *Spiegel* (Mat. 1). Spontanreaktionen der S. Der Titel wird zuerst nicht bekannt gegeben, die S. machen Titelvorschläge.
Das Bild ist eine Karikatur der bürgerlichen Kleinfamilie: Strenge, Rigidität, Steifheit der Körperhaltung, Deformation der Gesichter.

2.a. GA (arbeitsteilig): Familienmodelle und Familienkonflikte. Brainstorming: Beispiele aus Literatur, Kino, Fernsehen, Werbung. Sammeln von Beispielen in GA (arbeitsteilig). Impuls für die Gruppe ›Werbung‹: Werbe-Ausschnitte, evtl. Fernseh-Werbespots (heile Familien, lächelnde Eltern, freundliche Kinder). Entspricht die Werbung unseren Wunschvorstellungen? Evtl. Impuls für die ›Soap-Opera-Gruppe‹: Film-Ausschnitt.

2.b. (A): GA: Lektüre der historischen Texte von Ariès und Rosenbaum (Mat. 2).
Aufträge für die GA: a) Wie unterscheiden sich die beschriebenen Familienmodelle aus der Entstehungszeit der bürgerlichen Kleinfamilie von den heutigen?
b) Was halten Sie von der Behauptung Rosenbergs, das damals entstehende **neue Leitbild** der Familie enthalte bereits alle wesentlichen Merkmale, **die auch als charakteristische Merkmale des gegenwärtigen Familienlebens hervorgehoben werden?**
c) Gibt es in der Gegenwart überhaupt noch verbindliche Modelle?
d) Inwiefern ist das beschriebene Modell der Kleinfamilie konfliktanfällig?

2.c. (A): GA: Lektüre des *Spiegel*-Textes **Das Ende der bürgerlichen Familie** (Mat. 3). Aufträge für die A:
a) Entspricht die beschriebene Familiensituation der von Ihnen erfahrenen Realität?
b) Empfinden Sie die Auflösung alter Familienformen als Destruktion oder erkennen Sie darin eine Chance für die Entwicklung von Neuem?
c) Wie empfinden Sie den Stil des *Spiegel*-Artikels? Vermittelt er den Leser/innen eine objektive oder eine tendenziöse Sicht der Dinge? Welche Textsignale gibt es?

3. UG: Zusammenfassende Berichte über die Ergebnisse der Arbeitsgruppen. Diskussion und Vergleich der Ergebnisse.

4. LV als Vorbereitung für 5.: kurze Erklärung unterschiedlicher dramatischer Genres (Mat. 4) mithilfe von Textblatt. Gruppeneinteilung für 5. (um Zeit zu sparen, kann der Gruppen-Arbeitsauftrag für die Inszenierung in der vorausgehenden Stunde als HA gegeben werden).

5. PRO GA (arbeitsteilig): Entwurf kurzer Konfliktszenen Vater/Sohn, Mutter/Sohn, Vater/Tochter, Mutter/Tochter oder Bruder/Schwester. Dabei sollen folgende Genres imitiert werden (Gruppeneinteilung nach Genres): Tragödie, Komödie, Rührstück,

Hausaufgabe (rechte Spalte):
Lektüre der »Verwandlung«. Schriftliche Fixierung der Ersteleseindrücke (Lesewirkung, Hypothesen zum Sinn des Textes)

Stunden	Thema	Didaktische Aspekte (Inhalte/Ziele)
1./2.		

Alternativer Einstieg (Doppelstunde)

Stunden	Thema	Didaktische Aspekte (Inhalte/Ziele)
	Das Verwandlungsmotiv (s. Kap. 4.8.1)	Vielfalt und unterschiedliche Gestaltung des Verwandlungsmotivs in der Tradition
		Bestrafungsverwandlung und Erlösungsverwandlung
		Produktiver Umgang mit eigenen Verwandlungsfantasien und -wünschen

Methodische Realisierung/ Verlauf	Hausaufgabe

Commedia dell'arte, Pantomime, absurdes Theater, Boulevardstück, Dokumentartheater, Hörspiel, Fernsehwerbung (Mat. 4).
6. SV: Szenisches Spiel der Arbeitsgruppen.
7. UG: Schülerreaktionen auf die Inszenierungen. Mögliche Frageimpulse: a) Wie wirkt sich die Gattungsform auf den Inhalt aus?
b) Wurden die Entwürfe und Inszenierungen nahe oder sehr fern der Realität angesiedelt?
c) War eine kritische, satirische, idealisierende Absicht erkennbar?
d) Mit welchen Darstellungstechniken haben die S (bewusst oder unbewusst) gearbeitet?

Methodische Realisierung/ Verlauf	Hausaufgabe
1. PA: Arbeitsauftrag: Welche Texte (oder Filme) kennen Sie, in denen das Motiv der Verwandlung eine Rolle spielt?	*Hausaufgabe:* wie oben

Zu berücksichtigen sind unterschiedliche Gattungen wie Märchen, Mythen, Sagen, fantastische Literatur, Sciencefiction.
2. UG: Auswertung und Zusammenfassung der Ergebnisse.
3. GA (arbeitsteilig): Textanalyse: zwei Verwandlungstexte.
a) Ovid, METAMORPHOSEN (V. 446–432): DER BESTRAFTE BUBE (Mat. 5)
In dem Text verwandelt die Göttin Ceres einen kleinen Jungen in eine Eidechse, nachdem seine Mutter ihr einen Trank gereicht, der Junge sie aber wegen ihrer Gier verspottet hat.
b) Gebr. Grimm: DER FROSCHKÖNIG
Arbeitsauftrag für beide Gruppen: Funktion der Verwandlung im Text?
4. UG: Unterschiedliche Funktionen des Verwandlungsmotivs:
– Ovid: übertriebene Bestrafung für eine Geringfügigkeit, Willkür der Götter, keine Wiedergutmachung, keine Rückverwandlung
– Märchen: moralischer Kontext, verwandelnde Kraft der Liebe, Rückverwandlung, glücklicher Ausgang.
5. LV: Erklärung der Begriffe *Bestrafungsverwandlung* (bzw. *Degradationsverwandlung*) und *Erlösungsverwandlung* (s. Kap. 4.8.1).
6. PRO StA: a) Verfassen Sie einen fiktiven Traumtext, in dem Sie in ein anderes Wesen verwandelt werden. b) Verfassen Sie eine Art Wunschdiagramm, in dem Sie beschreiben, was Sie gerne wären.
c) Verfassen Sie einen fiktiven Text, in dem Sie sich in ein anderes Wesen verwandeln und in dem Sie die Reaktionen Ihrer Mitmenschen auf diese Veränderung beschreiben (Innenperspektive).
d) Verfassen Sie ein Gedicht, in dem Sie in ein anderes Wesen verwandelt werden, wobei der Prozess der Verwandlung aus der Innenperspektive wiedergegeben wird.

Stunden	Thema	Didaktische Aspekte (Inhalte/Ziele)
3.	Erstleseeindrücke, Fragen des Sinnverstehens, Vielfalt der Lektüreweisen (s. Kap. 1)	Vielfalt der Lektüreweisen, die sich meist um bestimmte thematische Zentren herum gruppieren. Mögliche Frustration bei der Lektüre, weil sich der Sinn entzieht. Widerspruch zwischen unserem Bedürfnis nach Sinnfixierung und der nicht abschließbaren Sinnsuche. Wichtige Einsicht, dass die Subjektivität immer in die Lektüreweise mit eingeht.
LK Zusatzstd.	Erzählanfänge bei Kafka (s. Kap. 4.1.1)	Bedeutung von Erzählanfängen (Steuerung der Lesererwartung, Erwecken von Spannung, Exposition von Handlung und Figuren usw.). Besonderheiten der Anfänge bei Kafka. Vergleich mit Erzählanfängen anderer Autoren (*kalte* und *heiße* Anfänge): unterschiedliche Funktion des Anfangens (Exposition, langsame Hinführung des Lesers vs. Hineinstürzen des Lesers ins Geschehen, Höhepunkt des Erzählens in der zweiten Texthälfte vs. Vorwegnahme des Höhepunktes am Anfang)

Methodische Realisierung/ Verlauf	Hausaufgabe
1. SV: Vorlesen der schriftlich fixierten Leseeindrücke (HA) 2. UG: Versuch, in dem Vorgelesenen rekurrente Interpretationsmuster zu erkennen (z. B.: Familiensituation, Außenseiterexistenz, Geschwisterbeziehung, Sinnlosigkeit der Geschichte). Wichtig: Moderation und klare Strukturierung durch L. 3. LV (oder Ref LK): Phänomen der Interpretationsvielfalt in der Kafka-Forschung (s. Kap. 1.1 und 1.2): unendliche Sinnsuche steht unserem Bedürfnis nach Eindeutigkeit entgegen. Aufsplitterung des Sinns entspricht dem Bewusstseinszustand der Moderne: übergreifende Sinnzentren und wahrheitsbeanspruchende Instanzen (Gott, Kaiser, Kirche) nicht mehr vorhanden oder nicht mehr allgemein verbindlich. 4. PA: Hypothesen zur Deutung der Käfermetapher. Dabei sind die negativen Konnotationen im Text zu berücksichtigen (*ungeheueres Ungeziefer*). Mögliche Bedeutungsfelder:	PRO: Wie könnte ein Titelbild für die *Verwandlung* aussehen (schriftliche Beschreibung oder zeichnerischer Entwurf)?

negativ	positiv
– Isolation	**Aussteigerfantasie**
– Gefühlspanzer	– Rebellion
– Bestrafung	– Suche nach Ausweg
– Selbstentfremdung	– alternative Existenz
– Entmenschlichung	– Anderssein des Künstlers

5. UG: Sammeln und Auswerten der Ergebnisse (mit TA).	
1. GA (arbeitsteilig nach a, b und c): Lektüre unterschiedlicher Erzählanfänge a. bei Kafka: – Anfänge der 3 Romane – Anfänge der unter Kap. 4.1.1 erwähnten Kafka-Texte b. bei anderen Autoren: – Kleist (s. Kap. 4.1.1) – Th. Bernhard: *Die Auslöschung* – R. Schneider: *Schlafes Bruder* c. Gegenmodelle (klassische Form): – Goethe: *Die Wahlverwandtschaften* – Stifter: *Der Nachsommer* – Keller: *Der grüne Heinrich* (1. Fassung) 2. UG: Diskussion der Ergebnisse, Hypothesen über die unterschiedliche Funktion der Anfänge (Kafka, Kleist, Schneider vs. Goethe, Stifter, Keller). Vergleich mit Filmanfängen. 3. SV: Lautes Vorlesen der ersten beiden Absätze der *Verwandlung*. 4. UG: Frage nach der Funktion des abrupten Erzählanfangs. Wirkung auf den Leser (Erzeugung von Spannung, Verwirrung, Rätselhaftigkeit).	a) PRO: Verfassen eines alternativen Anfangs (z. B.: nicht Gregor, sondern die Schwester wird verwandelt; die Erzählung beginnt nicht mit Gregors Verwandlung, sondern mit seiner Vorgeschichte) b) Die Bedeutung von Erzählanfängen und ihre Wirkung auf den Leser/die Leserin

Stunden	Thema	Didaktische Aspekte (Inhalte/Ziele)
4.	Bedeutungsvielfalt der Käfermetapher	Metaphorische Bedeutungsstruktur: Bild verweist auf einen (anderen) Sinn. Bei Kafka ist der ›Schlüssel‹ für die Metaphern verloren gegangen. Unsichtbarkeit des Sinns, Unsicherheit der Verweisungen. Unterschied zwischen allegorischem und symbolischem Sinn
LK Zusatzstd.	Die Bedeutung der Träume (s. Kap. 4.1.2)	Bedeutung von Träumen in unserem Leben. Der Zwischenzustand zwischen Wachen und Schlafen als Zustand einer erweiterten Wahrnehmung, in dem Unbewusstes und Bewusstes, Vergangenes und Gegenwärtiges ineinanderfließen
		Die wissenschaftliche Erforschung von Träumen durch Freud. Primärvorgang und Sekundärvorgang, Logik des Traumes, in dem die Gesetze des Wachbewusstseins zum Teil aufgehoben sind. Die Bedeutung der Träume für das Wachleben

Methodische Realisierung/ Verlauf	Hausaufgabe
1. Vorlesen der als HA verfassten Texte über ein mögliches Titelbild (bzw. Vorzeigen der zeichnerischen Entwürfe). 2. LV (oder SV): Vorlesen von Kafkas Brief an den Verleger, in dem er schreibt, das Insekt dürfe nicht gezeichnet werden (Mat. 6) 3. PA: Analyse von zwei Darstellungen zur VERWANDLUNG (Ottomar Starke und Adam Hoffmeister, Mat. 7). Arbeitsaufträge: a) Welche völlig unterschiedlichen Wirkungsabsichten haben die beiden Zeichnungen? b) Welche Probleme ergeben sich bei der sehr konkreten Darstellung von Hoffmeister für den Leser/Betrachter? – Die erste Darstellung lässt viele Deutungen und Fantasieentwicklungen offen. – Die zweite Darstellung lässt dem Leser/der Leserin wenig Raum für eigene Fantasien. 4. UG: Sammeln und Auswerten der Ergebnisse. 5.a. LV: Bedeutungsfelder des Käfermotivs (s. 4.8.1). Unterschied von symbolischer und allegorischer Bedeutung (s. Kap. 1.2.6). Fortgeführte Metapher (s. Kap. 1.2.7), Zerstörung der Metapher. 5.b. StA: PRO Erfinden Sie Gründe, warum Gregor in einen Käfer verwandelt wurde. 6.b. UG: Sammeln der Ergebnisse. Hypothesen zu der Frage, warum in der Erzählung kein Grund genannt wird.	a) Suchen Sie Stellen im 1. Kapitel, an denen Gregor Schwierigkeiten hat mit seinem Insektenkörper umzugehen. Worin bestehen diese Schwierigkeiten vor allem? b) Inwiefern beeinflusst die Wahrnehmung des eigenen Körpers unser Selbstgefühl und unsere Identität?
1. StA: Sind Träume Schäume? Bedeutung der Träume in meiner Erfahrung. 2. UG: Sammeln und Auswerten der Ergebnisse. 3.a. SV: Vorlesen von Prousts IN SWANNS WELT, Romanbeginn (Mat. 8). 3.b. SV: Vorlesen des Textes FREUDS TRAUMLEHRE (Mat. 9). 4.a. GA: Gespräch über den Text; Aufträge zur GA: a) Wie wird der seltsame Zwischenzustand zwischen Wachen und Schlafen charakterisiert? b) Welche besonderen Wahrnehmungsfähigkeiten entwickelt der Ich-Erzähler in diesem Zustand? c) Welche Bedeutung weist der Ich-Erzähler den Träumen zu? 4.b. GA: Gespräch über den Text Aufträge zur GA: a) Wie werden die Unterschiede zwischen den bewussten (Sekundärvorgang) und den unbewussten Regungen (Primärvorgang) beschrieben? b) Wie werden die Trauminhalte charakterisiert? c) Welche Bedeutung hat der Traum für das Wachleben? 5. UG: Sammeln und Auswerten der Ergebnisse. 6. Ref: Die Bedeutung Freuds für die Erforschung des Unbewuss-	a) Suchen Sie Stellen in Kafkas Erzählung, in denen von Traum und Schlaf die Rede ist. b) Inwiefern spiegelt die Erzählung eine **traumhafte Welt** wider, inwiefern nicht? c) **Wer nicht mehr träumt, hat keine Zukunft.** Nehmen Sie zu diesem Satz Stellung. d) PRO: Entwurf eines fiktiven Traumes, in dem sich die Realität plötzlich verändert.

Stunden	Thema	Didaktische Aspekte (Inhalte/Ziele)
LK Zusatzstd.		
5./6.	Familienstrukturen, Gregors Familiensozialisation (s. Kap. 4.7)	Kleinbürgerlich-patriarchalische Familiensituation: Abhängigkeitsstrukturen zwischen den Familienmitgliedern, ökonomische Verstrickungen, die das Familienleben zerstören
		Patriarchalische Macht des Vaters, Infantilität des ›erwachsenen‹ Gregor
		Die drei Ausbruchsversuche als Zentren der Textstruktur

| Methodische Realisierung/ Verlauf | Hausaufgabe |

ten. Hilfsmittel: a) Lexikonartikel b) James Strachey: Sigmund Freud – Eine Skizze seines Lebens und Denkens. In: Sigmund Freud: Vorlesungen zur Einführung in die Psychoanalyse. Neue Folge der Vorlesungen. Studienausgabe Bd. 1, Frankfurt/M. 1982, S. 7–18

1. SV: Lektüre des Textes, S. 30, Z. 4 – S. 31, Z. 11 (**Schon im Laufe des ersten Tages […] bis […] feierlich zu erklären.**).
2. PA: Gespräch über den Text:
Frageimpulse: a) Welche Informationen über die Familiensituation sind darin enthalten?
b) Wie verstehen Sie insbesondere den Satz, der sich auf die materielle Versorgung der Familie durch Gregor bezieht: **Man hatte sich eben daran gewöhnt, sowohl die Familie, als auch Gregor, man nahm das Geld dankbar an, er lieferte es gern ab, aber eine besondere Wärme wollte sich nicht mehr ergeben.** (S. 30).
3. UG: Auswertung der Ergebnisse, gemeinsames Gespräch über den Text
Aspekte:
– Gestörtes Vertrauensverhältnis (Gregor werden wichtige Informationen über die finanzielle Lage der Familie vorenthalten)
– Gregor trägt die ganze Last des Familienunterhalts
– Seine Gutmütigkeit wird von der Familie ausgenützt
– Gregor gefällt sich darin, die Rolle des Familienoberhaupts zu spielen. Er beschließt eigenmächtig die Schwester aufs Konservatorium zu schicken.
– Die ökonomischen Verstrickungen werden in die Familie hineingetragen und vergiften die Familienbeziehungen.
4.a. StA: Die Beziehung Vater/Sohn am Ende des 2. Kap., S. 42, Z. 3 – S. 44, Z. 7
Frageimpulse: a) Wie macht der Text die Subjektivität der Wahrnehmung deutlich?
b) Welche Bedeutung hat das Äpfelbombardement des Vaters? Können Sie sich eine symbolische Bedeutung vorstellen?
c) Tragen Sie in die Tabelle die Eigenschaften von Vater und Sohn ein, die sich aus dem Text ergeben:

	Vater	Sohn
S. 42, Z. 3–35		
S. 42, Z. 35 – S. 43, Z. 33		

Anschließend UG: Sammeln und Auswerten der Ergebnisse, TA.
4.b. PA (arbeitsteilig): Die drei Ausbruchsversuche Gregors (s. Kap. 4.2.2);
Frageimpuls: Wie verlaufen die Ausbruchsversuche (Bewegungsabläufe, Motivation Gregors, Vereitelung durch die Familienmitglieder, Situation Gregors nach dem Ausbruch)?

a) Nehmen Sie schriftlich Stellung zu dem Brief Kafkas an seine Schwester Elli über Kindererziehung (Mat. 10).
b) PRO: Schreiben Sie einen Dialog zwischen Vater und Mutter, die sich abends über Gregor und die veränderte Familiensituation nach Gregors Verwandlung unterhalten.

Stunden	Thema	Didaktische Aspekte (Inhalte/Ziele)
5./6.		
		Analyse der Kleinbürgerlichen Familienstruktur
		Analyse der Nachgeschichte
7./8.	Gregor als Adoleszenter, Adoleszenzkonflikte (s. Kap. 4.8.3)	Die Geschichte Gregors kann als Adoleszenzgeschichte gelesen werden. Sie steht damit in der thematischen Nähe zu vielen Texten der Jahrhundertwende. Die Verdeutlichung dieser Thematik eröffnet einen schülergemäßeren Zugang zu der **schrecklichen** Erzählung
		Kafkas vergeblicher Kampf um Unabhängigkeit von seinen Eltern

Methodische Realisierung/ Verlauf	Hausaufgabe

Anschließend UG: Sammeln und Auswerten der Ergebnisse, TA

	Seite	wohin?	warum?	Gr. danach
1. Ausbr.				
2. Ausbr.				
3. Ausbr.				

4.c Ref: Analyse der Familienstrukturen in: Sautermeister 1974, bes. S. 104–107 (s. Kap. 1.2.3)
5. GA: Die Nachgeschichte (S. 62 f.)
Auftrag für die GA: Beschreiben Sie in eigenen Worten die Stimmung der Familie nach Gregors Tod. Welche Bedeutung hat der Schluss für die Deutung der Hauptgeschichte?
Hinweis: Zu erwarten sind Deutungen, die von der (begreiflichen) Erleichterung der Familie über Gregors Tod ausgehen. L sollte auf die Textsignale hinweisen, die eine Deutung des Schlusses als Illusion nahe legen (**neue Träume**). Anschl. UG: Sammeln und Auswerten der Ergebnisse

1. KRef: Begriff der Adoleszenz (mithilfe von Lexikonartikeln) 2. LV: Bedeutung des Adoleszenzthemas um die Jahrhundertwende (s. Kap. 4.8.3) 3. GA (arbeitsteilig): Textstellen, an denen Gregors Abhängigkeit und Unabhängigkeitsstreben deutlich wird. Aufträge für die Gruppen: Suche nach Textstellen, a) an denen die Mutter Aussagen über Gregor macht (1. Kapitel, bes. S. 13); b) die das Verhältnis von Gregor zum Vater betreffen; c) aus denen Gregors Kampf um Selbstständigkeit hervorgeht: z. B. zweiter Teil der Rede an den Prokuristen, Kampf um das Bild der Pelzdame, Vorgeschichte (Verantwortlichkeit für die Familie, Berufsleben); d) die Aussagen über Gregors Liebesleben machen (Bild der Pelzdame, Stubenmädchen, Kassiererin). 4. UG: Auswertung der Ergebnisse, TA der Textstellen (als Tabelle) 5. UG: Gregor als Adoleszenter, zwischen dem Kampf um Unabhängigkeit von der Familie und dem Bedürfnis nach Familienversorgung 6. Ref: Kafkas Kindheit und Jugend Literatur: Beicken 1986, S. 17–41; Wagenbach 1964 (rororo-Bildmonographie Nr. 91), S. 11–37; Anz 1989 (Beck'sche Reihe Autorenbücher Nr. 615), S. 46–55.	a) PRO: Ein ehemaliger Schulkamerad Gregors äußert sich über dessen Verhältnis zu den Eltern. b) PRO: Die Kassiererin aus einem Hutgeschäft (vgl. S. 47) berichtet über ihre kurze Bekanntschaft mit Gregor und beschreibt seine starke Bindung an die Eltern. c) Definition und historische Situierung des Jugendstils

Stunden	Thema	Didaktische Aspekte (Inhalte/Ziele)
9./10.	Gregors Angestelltenexistenz (s. Kap. 4.8.2)	Trotz der traumhaften Verwandlung Gregors in ein Ungeziefer macht der Text konkrete Aussagen über die Arbeitswelt der Angestellten und bewertet sie kritisch. Hierarchie und Herrschaftsverhältnisse in den Betrieben, Willkür des Vorgesetzten, Prokurist als verlängerter Arm des Chefs. Analyse der Rede des Prokuristen. Formen der Sozialkritik in der Erzählung (Untertanengeist, Ausbeutungsstrukturen)

Methodische Realisierung/ Verlauf	Hausaufgabe
1. GA (arbeitsteilig): Textanalysen a) Auftritt und Rede des Prokuristen (S. 13, Z. 16 – S. 14, Z. 36) b) Gregors Reden an den Prokuristen (S. 14, Z. 37 – S. 15, Z. 21 und S. 19, Z. 7 – S. 20, Z. 8) c) Gregors innere Monologe zu seiner Arbeitssituation (S. 6, Z. 19 – S. 7, Z. 33; S. 11, Z. 29 – S. 12, Z. 6; S. 13, Z. 28 – S. 14, Z. 9). Aufträge für die GA: a) Wie ist das Verhältnis Gregors zu seinem Arbeitsleben? b) Welche Widersprüche werden dabei deutlich? c) Inwiefern übt Gregor Kritik an seiner Arbeitssituation? 2. UG: Sammeln und Auswerten der Ergebnisse. Aspekte: – Unterschied zwischen der ersten und der zweiten Rede des Prokuristen – Gregors Schwanken zwischen Kriechertum und Aufbegehren – Kritik Gregors an der Willkür des Chefs, an der lückenlosen Kontrolle, an der Unmenschlichkeit seiner Arbeitssituation 3. SV: Vorlesen von Kracauers Text Über die Angestellten (Mat. 11). 4. UG: Frageimpuls: Die Proletarisierung der Angestellten hat sich geändert – ist der Untertanengeist geblieben? Formen der Untertanenmentalität? 5. KRef: Kafka als Angestellter. Literatur: Beicken 1986, S. 47–52; Wagenbach 1964 (rororo-Bildmonographie Nr. 91), S. 58–68; Anz 1989 (Beck'sche Reihe Autorenbücher Nr. 615), S. 72–76.	a) PRO: Ein Beschwerdebrief des Prokuristen an Gregors Eltern b) PRO: Gregor schreibt (vor seiner Verwandlung) einen Brief an das Stubenmädchen, in dem er ihm von der Last seines beruflichen Alltags erzählt. c) PRO: **Wenn ich mich nicht wegen meiner Eltern zurückhielte, ich hätte längst gekündigt.** (S. 6) Gregor schreibt einen Kündigungsbrief an seinen Chef. d) Vergleichen Sie die Stellen der Erzählung über den Angestelltenberuf mit dem Text Kracauers über die Angestellten (Mat. 11).

Stunden	Thema	Didaktische Aspekte (Inhalte/Ziele)
11./ 12.	Geschlechterrollen (s. Kap. 4.8.4)	Bisherige Vernachlässigung dieses Themas in der Kafka-Forschung. Analyse der Frauenfiguren, Frage nach Traditionsbrüchen (Mutter und siebzehnjährige Tochter zur Lohnarbeit gezwungen, Widerspruch zu der Frauenrolle in der Mittelschicht). Schichtenspezifik der Frauenrollen. Der Vater als Patriarch, dessen Machtposition zwischendurch Einbrüche erleidet.

Methodische Realisierung/ Verlauf	Hausaufgabe

1. PA: Merkmale des heutigen Frauenbildes (Erscheinungsbild, Klischees).
2. UG: Auswertung der Ergebnisse mit TA (aufgeteilt nach positiven und negativen Aspekten).
2. GA (arbeitsteilig): Jede Gruppe erhält eine Figur der Erzählung zugeteilt und beschreibt ihre Eigenschaft in Stichworten auf Folie:
a) Mutter
b) Grete
c) Pelzdame
d) alte Bedienerin
e) 2. Dienstmädchen (S. 36, 46)
f) Vater
g) Prokurist.
3. UG: Auswertung der Ergebnisse mithilfe der Folien. Frageimpulse für UG: Inwiefern sind die beschriebenen Geschlechterrollen traditionell, inwiefern weichen sie von der Tradition ab? An welchen Stellen erscheint die patriarchalische Rolle des Vaters durchbrochen?
4. PA: Die Figur Gregors. Auftrag: Weist die Erzählung ihm eher männliche oder weibliche Eigenschaften zu oder keines von beidem? Legen Sie folgende Tabelle an:

	männl.	weibl.	Sonst.
G.s Eigenschaften			

5. UG: Auswertung der Ergebnisse (TA Tabelle).
6.a. Ref: Kafkas Frauenbeziehungen.
Literatur: Wagenbach 1964 (rororo-Bildmonographie Nr. 91), S. 88–107; Anz 1989 (Beck'sche Reihe Autorenbücher Nr. 615), S. 100–111
6.b. Ref (nur LK): Feministische Literaturwissenschaft
Literatur: Sigrid Weigel: Geschlechterdifferenz und Literaturwissenschaft. In: Literaturwissenschaft. Ein Grundkurs, hrsg. von Helmut Brackert und Jörn Stückrath. Reinbek 1992, S. 677–689; Ina Schabert: *Gender* als Kategorie einer neuen Literaturgeschichtsschreibung. In: Genus. Zur Geschlechterdifferenz in den Kulturwissenschaften, hrsg. von Hadumod Bußmann und Renate Hof. Stuttgart 1995, S. 162–204 (relativ schwierig!)

a) PRO: Nicht Gregor, sondern Grete wird in ein Ungeziefer verwandelt. Skizzieren Sie einen möglichen alternativen Verlauf im ersten Kapitel.
b) Wie wird die Beziehung Vater/Mutter in der Erzählung dargestellt? Beschreiben Sie diese Beziehung, indem Sie sich auf Textstellen beziehen.
c) Beschreiben Sie die Beziehung Gregor/Grete, indem Sie vor allem die Stelle S. 53, Z. 22 – S. 54, Z. 13 heranziehen.

Stunden	Thema	Didaktische Aspekte (Inhalte/Ziele)
LK 2 Zusatzstd.	Die Dame im Pelz, Kafka und Sacher-Masoch (s. Kap. 4.8.5)	Die Dame im Pelz als Kontrastfigur zu den anderen Frauenfiguren im Text. Intertextuelle Bezüge zu Sacher-Masochs VENUS IM PELZ (1870). Analyse der drei Textstellen. Frage nach einer möglichen ›masochistischen‹ Bedeutungsschicht des Textes.

Methodische Realisierung/ Verlauf	Hausaufgabe

1. Ref: Sacher-Masochs Roman *Venus im Pelz* (Insel-Tb. 469) und der Begriff des Masochismus (Vorbereitung: Lektüre des Romans, Kindlers Neues Literaturlexikon, Lexikonartikel zum Masochismus)
2. GA (arbeitsteilig): Aufsuchen der drei Textstellen, an denen von der Pelzdame die Rede ist. Ausfüllen der Tabelle (Leerstellen mit – kennzeichnen)

PRO: Verfassen Sie eine fiktive Szene, in der die Pelzdame und Gregor sich begegnen.

	Seite	Herkunft des Bildes	Merkmale d. Rahmens	Merkmale d. Pelzdame	Bedeutung für Gregor
1. Stelle					
2. Stelle					
3. Stelle					

3. UG: Sammeln und Auswerten der Ergebnisse, Tabelle als TA.
4. UG: Vergleich der Pelzdame mit den anderen Frauenfiguren des Textes (Kontrastwirkung, Milieuunterschiede, Vermögensstatus):

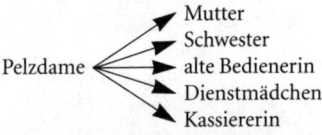

Pelzdame
- Mutter
- Schwester
- alte Bedienerin
- Dienstmädchen
- Kassiererin

5.a. StA: Notieren Sie sich Stichworte zu der Frage, ob Gregor eine masochistische Charakterstruktur aufweist.
5.b. PA: Vergleich des Anfangs der *Verwandlung* mit der Stelle in der *Venus im Pelz*, an der Severin/Gregor erwacht (Insel-Tb. S. 53), (Mat. 12)
– Inhaltliche Übereinstimmung, Unterschiede
– Unterschiede in der sprachlichen Gestaltung
6. UG: Diskussion der Ergebnisse

Stunden	Thema	Didaktische Aspekte (Inhalte/Ziele)
13.	Raum und Raummetaphorik (s. Kap. 4.3)	Trotz der zahlreichen Öffnungen innerhalb der großen Wohnung werden die Türen und Fenster häufig geschlossen (schon vor seiner Verwandlung verschließt Gregor gewohnheitsmäßig alle drei Türen seines Zimmers). Bild der gestörten Kommunikation der Familienmitglieder untereinander und der Abschottung nach draußen.

Methodische Realisierung/ Verlauf	Hausaufgabe
1. SV: Vorlesen der Textstelle: **Gregor aber dachte gar nicht daran aufzumachen, sondern lobte die vom Reisen her übernommene Vorsicht, auch zu Hause alle Türen während der Nacht zu versperren.** (S. 8) 2. UG: a) Auffinden weiterer Textstellen, die mit dem Öffnen und Schließen der Türen zu tun haben. Z. B.: – S. 25, Z. 24 ff.: **Früh, als die Türen versperrt waren** […] – Die schwere Verwundung Gregors (Äpfelbombardement) erweckt Mitleid und führt dazu, dass abends die Wohnzimmertür einen Spalt geöffnet wird (S. 44) – Nach dem dritten Ausbruchsversuch wird Gregors Zimmer **festverriegelt und versperrt**, S. 58 b) Hypothesen zur metaphorischen Bedeutung der offenen und geschlossenen Türen. 3. PA: Rekonstruktion von Gregors Zimmer (Skizze) auf der Basis des ersten Kapitels (s. Kap. 4.3). Wichtig dabei ist die Tatsache, dass jede der vier Wände eine Öffnung hat (3 Türen, 1 Fenster)	Versuchen Sie die Wohnung der Familie Samsa in ihrer Grundstruktur anhand von Textbelegen zu rekonstruieren.

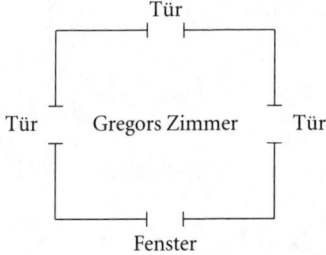

4. UG: Auswertung der Ergebnisse. Frageimpuls für die anschließende Diskussion: Zusammenhang von Raummetaphorik und Familiensituation? (Öffnen und Schließen der Türen als Metaphern für Kommunikation und Kommunikationsverlust)

Stunden	Thema	Didaktische Aspekte (Inhalte/Ziele)
14.	Komik im Text (s. Kap. 4.6.3)	Die Erzählung ist nicht nur eine schauerliche, sondern auch eine komische Geschichte (unterschiedliche Leseweisen!).
		Auffinden und szenische Darstellung komischer Stellen im Text, Frage nach der Grundstruktur und Wirkungsweise des Komischen.

Methodische Realisierung/ Verlauf	Hausaufgabe

1. LV: Vorlesen der Briefstelle: **Nur ein paar Worte, Liebste. Ein schöner Abend bei Max. Ich las mich an meiner Geschichte** [*Die Verwandlung*] **in Raserei. Wir haben es uns dann wohl sein lassen und viel gelacht.** (1. März 1913, BrF 320)
2. UG: Adäquatheit oder Inadäquatheit dieser Reaktion?
3. KRef: Wirkungsweise des Komischen (Grundstruktur: Inkongruenz. Literatur: G. v. Wilpert, Sachwörterbuch der Literatur, *Komik*; Lexikonartikel).
4.a. PRO GA: Planung einer kurzen Spielszene, Gruppenaufteilung:
Gruppe 1: Familienmitglieder klopfen an drei verschiedene Türen von Gregors Zimmer und reden auf ihn ein (S. 8)
Gruppe 2: Familien-Melodram:
Denn kaum hatte die Schwester […] bis […] **zu ersparen** (S. 48).
4 Personen: Vater, Mutter, Grete, Gregor zischt wütend im Hintergrund.
Die Szene ist als Pantomime oder als Sprechstück aufzuführen. Dabei ist reichlich Pathos aufzutragen: Weinkrampf der Mutter, schreiende, schluchzende Schwester, erregter Vater, der von der Mutter ins Schlafzimmer geschleppt wird.
Gruppe 3: Lebendes Standbild zu Text S. 18, Z. 4–21: der ein lautes **Oh** ausstoßende Prokurist, die Mutter mit gesträubten Haaren, der Vater mit geballten Fäusten, schluchzend (zum Bauen von Standbildern und zur szenischen Interpretation s. *Praxis Deutsch*, H. 136).
4.b GA (arbeitsteilig): Analyse der drei Stellen.
5.a. SV, UG: Vorführung der Spielszenen, Frage nach der komischen Wirkung.
5.b. UG: Auswertung der Ergebnisse.
6. UG: Abschließende Frage, warum Kafka in einer so schrecklichen Geschichte komische Elemente verwendet.

a) Suchen Sie weitere komische Stellen im Text und versuchen Sie deren Wirkung zu erklären.
b) PRO: Wählen Sie eine komische Textstelle aus und versuchen Sie diese in eine kurze Spielszene umzuschreiben (mit Nebentext).
c) (LK) Erläutern Sie schriftlich M. Bachtins Verständnis von **Lachkultur** (M. Bachtin: Grundzüge der Lachkultur, in: ders.: Literatur und Karneval. Zur Romantheorie und Lachkultur. Frankfurt/M. 1990, Fischer-Tb., S. 32–46)

Stunden	Thema	Didaktische Aspekte (Inhalte/Ziele)
LK Zusatzstd.	Erzählweise (s. Kap. 4.5)	Grundbegriffe der Erzählanalyse: Erzählhaltung, Redewiedergabe. Personale Erzählhaltung mit Innenperspektive als typische Erzählform der Moderne. Durch entsprechende Transformationen der Erzählhaltung und der Redewiedergaben wird das Wissen praktisch erprobt und gesichert. Wichtig ist, dass L. den Arbeitsgruppen Hilfestellungen leistet.

Methodische Realisierung/ Verlauf	Hausaufgabe
1. UG: Einstiegsfrage: Aus welcher Perspektive wird erzählt? Gibt es Perspektivenwechsel (Brainstorming)? 2. LV (oder KRef): Klärung der Grundbegriffe (auktoriale/personale Erzählhaltung, erlebte Rede, innerer Monolog, s. Kap. 4.5). 3. GA (arbeitsteilig): Umwandlung der Erzählweisen. Gruppenaufträge: a) Wandeln Sie den ersten Absatz (**Als Gregor eines Morgens aus unruhigen Träumen erwachte** […]) aus der personalen in eine auktoriale Erzählhaltung um. Der auktoriale Erzähler sollte sich dabei kräftig einmischen: Kommentierung, Bewertung, Vorgriffe auf die weitere Handlung, Reflexionen über Gregors Schicksal usw. b) Wandeln Sie die erlebte Rede auf S. 13 in einen inneren Monolog um: **Warum ging denn die Schwester nicht zu den anderen? Sie war wohl erst jetzt aus dem Bett aufgestanden und hatte noch gar nicht angefangen sich anzuziehen. Und warum weinte sie denn? Weil er nicht aufstand und den Prokuristen nicht hereinließ, weil er in Gefahr war, den Posten zu verlieren und weil dann der Chef die Eltern mit den alten Forderungen wieder verfolgen würde? Das waren doch wohl unnötige Sorgen.** Dabei auf die Veränderung der Zeit und des Personalpronomens achten! c) Wandeln Sie den inneren Monolog auf S. 6 in erlebte Rede um: **Dies frühzeitige Aufstehen macht einen ganz blödsinnig. Der Mensch muß seinen Schlaf haben. Andere Reisende leben wie Haremsfrauen. Wenn ich zum Beispiel im Laufe des Vormittags ins Gasthaus zurückgehe, um die erlangten Aufträge zu überschreiben, sitzen diese Herren erst beim Frühstück. Das sollte ich bei meinem Chef versuchen, ich würde auf der Stelle hinausfliegen. Wer weiß übrigens, ob das nicht gut für mich wäre.** Wichtig: keine Rede- oder Frageeinleitung (er sagte, er dachte), Tempus verändern! 4. UG: Auswertung der Ergebnisse. 5.a. PA: Gibt es Stellen im Text, an denen die Präsenz eines Erzählers sichtbar ist? 5.b. PA: Analyse des Erzählschlusses (Nachgeschichte). Wirkung der veränderten Erzählhaltung auf den Leser/die Leserin? 5.c. LV: Personale Erzählhaltung mit Innenperspektive ist repräsentativ für literarische Moderne (s. Kap. 4.5.1). 6. UG: Auswertung und abschließendes Gespräch über die Frage, welche Funktion der personalen Erzählhaltung in der VERWANDLUNG zukommt.	a) PRO: Der Prokurist schildert dem Chef aus seiner Sicht sein Erlebnis im Hause Samsa (in direkter Rede). b) PRO: Die Schwester schreibt einen Brief an ihre Freundin, in dem sie aus ihrer Perspektive von den Veränderungen in der Familie berichtet. c) Analyse des Erzählschlusses (falls 5.a. oder 5.c. gewählt wurde)

Stunden	Thema	Didaktische Aspekte (Inhalte/Ziele)
15./ 16.	Lektüreweisen (Rückblick)	Handkes Roman DIE STUNDE DER WAHREN EMPFINDUNG als Beispiel einer weiterführenden (produktiven) Lektüre von Kafkas Erzählung. Vielfalt möglicher Lektüreweisen, die nicht nur auf die endlose Suche nach der Bedeutung, sondern auf eine immer neue Sinnproduktion bei der Lektüre verweisen.

Methodische Realisierung/ Verlauf	Hausaufgabe
1. SV: Vorlesen des Textes aus P. Handkes DIE STUNDE DER WAHREN EMPFINDUNG (Mat. 13) 2. PA: Analyse des Textes. Frageimpulse: a) Welche Elemente der VERWANDLUNG hat Handke in seinen Text eingebaut? Intertextuelle Elemente: – Namengebung – Verwandlung der Hauptfigur im Traum – Völlige Veränderung der Lebenssituation – Ausbruchsfantasie – Scham gegenüber den Eltern – Zimmerstruktur (Zimmer des Sohnes: drei Türen, ein Fenster) b) Wie wird die Lektüre des Textes durch die Assoziationen an Kafka beeinflusst? c) Welchen Aspekt der VERWANDLUNG akzentuiert Handke ganz besonders? – Aussteigerfantasie (Keuschnig bricht radikal mit seinem früheren Leben). 3. UG: Sammeln und Auswerten der Ergebnisse. 4. StA: Auftrag: Welchen Aspekt der VERWANDLUNG würden Sie akzentuieren? Anschließend Sammeln der Ergebnisse. 5. UG: Vielfalt der Lektüreweisen, TA: – Aussteigerfantasie – Adoleszenzgeschichte – Schauergeschichte, Melodram – Geschichte einer untilgbaren Schuld – Kritik am Familienleben – Kritik am entfremdeten Arbeitsleben u. a.	a) PRO: Erfinden Sie einen anderen Schluss: Gregor stirbt nicht, sondern es gelingt ihm, aus der Familienbindung auszubrechen. b) PRO: Sie sollen die VERWANDLUNG in einen Märchentext umschreiben: Was müsste geändert werden? c) PRO: Schreiben Sie die VERWANDLUNG um in eine Vampirgeschichte (Skizze). d) PRO: Der Vater Gregors gibt einen abschließenden Bericht über ›Krankheit‹ und Tod seines Sohnes: vor einem Freund/vor dem Krankenkassenarzt.

»Brief an den Vater«

Stunden	Thema	Didaktische Aspekte (Inhalte/Ziele)
1./2.	Die Vater-Sohn-Beziehung	Die Erscheinung des Vaters, zunächst ausgehend von Foto-Eindrücken.
		Die Beziehung Vater/Sohn, frühkindliche Prägung.
		Verhalten des Vaters gegenüber den Angestellten (als Spiegel des Vater-Sohn-Verhältnisses).
		Das sprachliche Machtspiel des Vaters.

Methodische Realisierung/ Verlauf	Hausaufgabe

1. Einstieg: Projektion des Fotos von Kafkas Vater (Mat. 14), Sammeln von Eindrücken
2. KRef: Kafkas Vater. Literatur: Wagenbach 1964 (rororo-Bildmonographie Nr. 91), S. 15–17; Beicken 1986, S. 20–22.
3. GA (arbeitsteilig):
a) Die Vater-Sohn-Beziehung am Beispiel des Pawlatsche-Erlebnisses (S. 11, Z. 11–36).
Leitfragen: Wie beurteilen Sie aus heutiger Sicht die *Erziehungsmittel* des Vaters? Wie wirkt sich dieses Verhalten auf den Sohn aus?
b) Das Verhalten des Vaters zu seinen Angestellten (S. 27, Z. 21 – S. 29, Z. 33).
Leitfragen: Gibt es Gründe, warum sich der Sohn mit den Angestellten identifiziert? Wie bewertet der Sohn das Verhalten des Vaters?
c) Das Sprachverhalten des Vaters (S. 18, Z. 16 – S. 20, Z. 23).
Leitfragen: Welche sprachlichen Mittel verwendet der Vater? Welche Schichtzugehörigkeit kommt durch diese Sprachverwendung zum Ausdruck?
4. UG: Sammeln und Auswerten der Ergebnisse.
5. SV: Vorlesen der Textstelle: **Manchmal stelle ich mir die Erdkarte ausgespannt und Dich quer über sie hin ausgestreckt vor. Und es ist mir dann, als kämen für mein Leben nur die Gegenden in Betracht, die Du entweder nicht bedeckst oder die nicht in Deiner Reichweite liegen. Und das sind entsprechend der Vorstellung, die ich von Deiner Größe habe, nicht viele und nicht sehr trostreiche Gegenden.** (S. 54)
6. PA: Auftrag: Interpretieren Sie die metaphorische Redeweise. Inwiefern wird durch die verwendeten Bilder das Verhalten des Sohnes gerechtfertigt?
7. UG: Sammeln und Auswerten der Ergebnisse.
8. Zum Abschluss: Projektion des Bildes »Hermann und Franz Kafka« (Kafka-Comic, Mat. 15). Sammeln von Eindrücken.

Suchen Sie die Textstellen im *Brief an den Vater*, an denen der Vater bzw. der Sohn charakterisiert werden.

Stunden	Thema	Didaktische Aspekte (Inhalte/Ziele)
3./4.	Der Kontrast zwischen Vater und Sohn (s. Kap. 5.2.2)	Einsicht in die Grundstruktur des Briefes: oppositionelle Konstruktion der Eigenschaften von Vater und Sohn. Die raffinierte Strategie des Briefes: Die Enthüllung der Schwächen und der Unterlegenheit des Sohnes erregt Sympathie mit dem Schwächeren und wird so zur Stärke des Sohnes.

Methodische Realisierung/ Verlauf	Hausaufgabe
1. Einstiegsfrage: Haben Sie sich beim Lesen mit einer Figur spontan identifiziert? TA: Statistik (Strichliste):	Gründliche Lektüre der Gegenrede des Vaters (S. 57 f.)

	Vater	Sohn	Sonst.
Id. mit	...	...	...

2. GA (arbeitsteilig):
a) S. 55, Z. 35 – S. 56, Z. 14
b) S. 9, Z. 15–35
c) S. 12, Z. 23 – S.13, Z. 10.

Auftrag: Welche gegensätzlichen Merkmale in der Beschreibung von Vater und Sohn werden hier verwendet? Tragen Sie die korrespondierenden Merkmale, soweit möglich, in eine Tabelle ein (Folie):

	Vater	Sohn	Seite
Gruppe	...	...	...
...			

3. UG: Sammeln und Auswerten der Ergebnisse (OHP).*
4. PA: Suchen Sie weitere Stellen, an denen ein Merkmalskontrast zwischen Vater und Sohn konstruiert wird.
5. Nennen und Beschreiben der Stellen.
6. SV: Vorlesen: **Ich hatte vor Dir das Selbstvertrauen verloren, dafür ein grenzenloses Schuldbewußtsein eingetauscht.** (S. 36)
7. StA: Kurze schriftliche Erörterung im Anschluss an die vorgelesene Stelle: Ist der BRIEF AN DEN VATER ein Ausdruck der Schwäche oder der Stärke des Sohnes?
8. UG: Vorlesen der schriftlichen Äußerungen.
9. KRef: Die Entstehung des Briefes. Literatur: Carsten Schlingmann: Franz Kafka (Reclam Literaturwissen Nr. 15204), S. 152–158.

Stunden	Thema	Didaktische Aspekte (Inhalte/Ziele)
LK Zusatzstd.	Der sozialdarwinistische Machtkampf und die Schwäche des Sohnes (s. Kap. 5.2.2)	Begriff des Sozialdarwinismus als Schlüsselbegriff, der den sozialgeschichtlichen Hintergrund von Kafkas Schaffensperiode erhellt und zugleich die Gegenfiguren, die ›schwachen‹ Helden als Kritik des rücksichtslosen Machtstrebens begreiflich macht.

Methodische Realisierung/ Verlauf	Hausaufgabe

1. Ref: Der Begriff des Sozialdarwinismus. Literatur: Lexikonartikel – Thomas Anz: Franz Kafka (Beck'sche Reihe Autorenbücher Nr. 615), S. 32–43; Christoph Stölzl: Kafkas böses Böhmen. Zur Sozialgeschichte eines Prager Juden. München 1975 (s. a. Kap. 5.2.2)
2. GA: Suchen Sie Stellen im Text, die das rücksichtslose Machtstreben des Vaters beschreiben.
3. UG: Besprechung der aufgefundenen Stellen.
4. UG: Diskussion der Frage, welche Funktion in diesem Zusammenhang der Konstruktion des ›schwachen‹ Sohnes zukommt. Aspekte:
– die schwache Kontrastfigur impliziert eine überindividuelle Kritik an den sozialdarwinistischen Bestrebungen der Zeit
– der unterlegene Sohn soll Mitleid beim Leser erregen und die Position des Vaters in Frage stellen
– in der Übertreibung der Schwäche des Sohnes wird die Literarisierung des Textes erkennbar (er ist kein biografisches Dokument).
5. SV: Vorlesen (u. Folie) des Textes von Otto Gross DER KAMPF GEGEN DAS VATERRECHT (Mat. 16)
6. PA: Arbeitsaufträge: a) Worin besteht die Modernität dieses Textes? b) Vergleichen Sie den Text von Gross mit Kafkas Vaterbrief im Hinblick auf Übereinstimmungen, Unterschiede.
c) Gross kämpft für das **Mutterrecht**. Wie wird die Mutter im Brief charakterisiert?
7. UG: Sammeln und Auswerten der Ergebnisse.
8. KRef: Die Geschichte des Otto Gross. Literatur: Franz Jung: Biographisches und Bibliographisches. In: O. Gross: Von geschlechtlicher Not zur sozialen Katastrophe. Hg. von Kurt Kreiler. Frankfurt/M. 1980, S. 132–136.

Stunden	Thema	Didaktische Aspekte (Inhalte/Ziele)
5./6.	Die Gegenrede des Vaters (s. Kap. 5.2.4)	Die fiktive Antwort des Vaters am Ende gibt dem Brief den Charakter eines Prozesses: Der Vater erscheint als Angeklagter, dem das Recht auf Verteidigung zugestanden wird. Vaterrede als Ausdruck der Verinnerlichung väterlicher Autorität (der Vater spricht aus dem Sohn). Die produktionsorientierte Sequenz ermöglicht einen Perspektivenwechsel: die S versetzen sich in die Situation des Vaters. Der Vergleich mit dem Gedicht Benns macht die thematische Nähe und zugleich die inhaltliche und sprachliche Distanz zur Darstellung des Vater-Sohn-Konfliktes in expressionistischer Literatur deutlich.

Methodische Realisierung/ Verlauf	Hausaufgabe

1. SV: Vorlesen: Die fiktive Gegenrede des Vaters (S. 57 f.)
2. PA: Aufträge:
a) Wie lässt Kafka hier den Vater sich selbst charakterisieren?
b) Welche Funktion hat diese fiktive Worterteilung an den Vater?
3. UG: Auswertung der Ergebnisse.
4.a. PRO StA: Versuchen Sie sich in den Vater zu versetzen und entwerfen Sie einen Antwortbrief des Vaters an den Sohn.
4.b. PA: Lektüre und Analyse der ANTWORT AUF FRANZ KAFKAS ›BRIEF AN DEN VATER‹ von Harry Pross (Mat. 17). Aufträge:
a) Welche zeitgeschichtlichen Informationen enthält der Text?
b) Vergleichen Sie den Stil dieser Antwort mit Stil und Ton des Vaterbriefes.
4.c. PA: Lektüre des expressionistischen Gedichts von G. Benn »Ein Trupp hergelaufener Söhne schrie« (Textblatt austeilen, Mat. 18). Auftrag: Vergleichen Sie Sprache und Darstellung des Vater-Sohn-Verhältnisses in Gedicht und Brief.
Merkmale des Benn'schen Gedichts:
– expressionistisches Pathos
– hymnische Sprache
– narzisstische Selbstdarstellung
– Rebellentum.
5.a. SV/UG: Vorlesen der Texte
5.b. u. c. UG: Sammeln und Auswerten der Ergebnisse.
6. UG: Abschließende Frage: Hat sich in Ihrer Beurteilung des Sohnes bzw. des Vaters im Vergleich zur Erstlektüre etwas geändert?

5 Klausurvorschläge

»Die Verwandlung«

Grundkurs

1. Interpretieren Sie das Ende des zweiten Kapitels (ab **Trotzdem, trotzdem, war das noch der Vater**, S. 42). Welche Hinweise auf die Vater-Sohn-Beziehung enthält diese Textstelle?
2. **Kaum war er innerhalb seines Zimmers, wurde die Tür eiligst zugedrückt, festgeriegelt und versperrt.** (S. 58). Erörtern Sie die Bedeutung der Raummetaphorik und ihre Bedeutung für die Gesamtstruktur des Textes.
3. Vergleichen Sie Gregors inneren Monolog über das Arbeitsleben (S. 6 f.) mit seiner Rede an den Prokuristen (S. 19 f.). Welche Gemeinsamkeiten bzw. Unterschiede lassen sich dabei feststellen? Welche Konsequenzen für Gregors Charakterstruktur ziehen Sie daraus?
4. Interpretieren Sie die Nachgeschichte (ab S. 62) und gehen Sie dabei insbesondere auf die veränderte Erzählweise ein. Beschreiben Sie Ihre persönliche Reaktion auf den Umgang der Familie mit Gregors Tod.
5. Bestimmen Sie Erzählweise und Redewiedergabe bei den folgenden zwei Textauszügen:

   Es war halb sieben Uhr, und die Zeiger gingen ruhig vorwärts, es war sogar halb vorüber, es näherte sich schon dreiviertel. Sollte der Wecker nicht geläutet haben? Man sah vom Bett aus, daß er auf vier Uhr richtig eingestellt war; gewiß hatte er auch geläutet. Ja, aber war es möglich, dieses möbelerschütternde Läuten ruhig zu verschlafen? Nun, ruhig hatte er ja nicht geschlafen, aber wahrscheinlich desto fester. Was aber sollte er jetzt tun? Der nächste Zug ging um sieben Uhr; um den einzuholen, hätte er sich unsinnig beeilen müssen, und die Kollektion war noch nicht eingepackt, und er selbst fühlte sich durchaus nicht besonders frisch und beweglich. (S. 7) – ›Ach Gott‹, dachte er, ›was für einen anstrengenden Beruf habe ich gewählt! Tag aus, Tag ein auf der Reise. Die geschäftlichen Aufregungen sind viel größer, als im eigentlichen Geschäft zu Hause, und außerdem ist mir noch diese Plage des Reisens auferlegt, die Sorgen um die Zuganschlüsse, das unregelmäßige, schlechte Essen, ein immer wechselnder, nie andauernder, nie herzlich werdender menschlicher Verkehr. Der Teufel soll das alles holen!‹ (S. 6)

   Formen Sie die Redewiedergaben in die jeweils andere Form um.

Leistungskurs

1. Vergleichen Sie das Verwandlungsmotiv in Kafkas Erzählung mit der Verwandlung in dem Märchen *DER FROSCHKÖNIG*. Gehen Sie dabei auch auf die Frage ein, inwieweit Kafkas Text als Märchenerzählung angesehen werden kann.
2. **Seine Meinung darüber, daß er verschwinden müsse, war womöglich noch entschiedener, als die seiner Schwester.** (S. 59) Analysieren Sie die Phasen der Ausgrenzung Gregors aus der Familie und zeigen Sie Parallelen zu anderen Formen gesellschaftlicher Ausgrenzung auf.

3. Erörtern Sie an kurzen Textbeispielen die wichtigsten Merkmale der Erzählweise, insbesondere den Begriff des **einsinnigen** Erzählens. Führen Sie Textstellen an, wo diese Erzählweise durchbrochen ist.
4. Erklären Sie die Grundstruktur des Komischen und der komischen Wirkung und zeigen Sie diese Struktur an zwei Textbeispielen auf.
5. Analysieren Sie die Rollen der weiblichen Erzählfiguren Mutter, Tochter und Pelzdame und erörtern Sie die Frage, ob Kafka hier traditionelle oder unzeitgemäße Frauenbilder entworfen hat.
6. Erörtern Sie das Schwanken Gregors zwischen Anpassung und Auflehnung und vergleichen Sie dieses Verhalten mit Hauptfiguren literarischer Adoleszenzgeschichten, die Ihnen bekannt sind.
7. Interpretieren Sie das Gedicht von Gabriele Wohmann »Ich bin kein Insekt« (Mat. 19). Gehen Sie auf die Bezüge zu Kafka ein und auf die Frage, inwieweit hier das Erfahrungsmuster des Kafka'schen ›Helden‹ in einer weiblichen Perspektive verändert wird.

»Brief an den Vater«
Grundkurs
1. Suchen Sie Stellen, an denen die Eigenschaften des Sohnes und die des Vaters kontrastiert werden. Erörtern Sie die Frage, welche Strategie des Verfassers sich hinter der Schwarz-Weiß-Zeichnung der Figuren verbergen könnte.
2. Interpretieren Sie Kafkas Ausführungen zu Heirat, Familie, Kindererziehung (S. 46–48). Welchen Stellenwert misst er der Ehe bei und warum sind aus seiner Sicht alle seine Eheversuche gescheitert?
3. Interpretieren Sie den abschließenden Absatz des Briefes, in dem Kafka dem Vater das Wort erteilt. Welche Strategie verfolgt hier der Briefeschreiber?

Leistungskurs
4. Vergleichen Sie die Darstellung der Vaterfigur in der VERWANDLUNG mit der im BRIEF AN DEN VATER und erörtern Sie die Frage, ob der Vaterbrief ein literarischer Text oder ein biografisches Dokument ist.
5. Interpretieren Sie die Textstelle S. 41 f. (ab **Richtiger trafst Du mit Deiner Abneigung mein Schreiben und was, Dir unbekannt, damit zusammenhing […]**), in der Kafka von seiner Schriftstellerexistenz spricht. Welche Bedeutung misst er dem Schreiben bei und welche Funktion hat das Schreiben gegenüber dem Vater?
6. **Das maßlos überzeichnete Bild des Vaters wird auf die geographische, historische und politische Karte der Welt projiziert, um weite Flächen von ihr zu bedecken.** (Deleuze/Guattari) Interpretieren Sie diesen Satz im Hinblick auf den Vaterbrief.

6 Materialien

Material 1 Familienglück

(© Guido Sieber c/o Contours, Hamburg)

PHILIPPE ARIÈS: Die Familie im Bürgertum *Material 2*

Seit dem 18. Jahrhundert beginnt die Familie gegenüber der Gesellschaft eine gewisse Distanz zu beziehen, sie aus dem immer mehr Raum greifenden privaten Lebensbereich herauszudrängen. Die Organisation des Hauses entspricht diesem neuen Bestreben, sich gegen die Welt abzuschirmen. (S. 548)
Die Geschichte unserer Sitten reduziert sich teilweise auf diese langanhaltende Anstrengung, sich von den anderen zu trennen, sich von einer Gesellschaft abzusondern, deren Druck man nicht mehr ertragen will. [...] Beruf und Familienleben haben jene andere Aktivität erstickt, die einst das gesamte Leben durchdrungen hatte, die Pflege gesellschaftlicher Beziehungen. Man ist versucht, den Schluß zu ziehen, daß Familiensinn und Sozialität nicht vereinbar waren und eines sich jeweils nur auf Kosten des anderen entwickeln konnte. (S. 558)

(aus: Philippe Ariès, Geschichte der Kindheit. München 1978.)

HEIDI ROSENBAUM: Formen der Familie

Während Bauern und auch Handwerker noch *relativ* ungebrochen in der traditionellen Lebensform des ›ganzen Hauses‹ lebten, wurde innerhalb der weitgehend ständisch geprägten Gesellschaft des 18. Jahrhunderts vom frühen Bürgertum ein neues Leitbild oder Ideal der Familie unterworfen. Es war eng an spezifische Existenzbedingungen des Bürgertums gebunden, an seine soziale Lage innerhalb der Gesellschaft und die zunehmende Distanzierung der Sphäre des Erwerbs von der des Wohnens. Vom Bürgertum erfunden und ursprünglich auch aufs Bürgertum beschränkt, wurde das Familienideal im Laufe der Entwicklung des 19. und 20. Jahrhunderts für andere Bevölkerungsklassen und -schichten zunehmend attraktiver.

Für die Ausbildung der ›modernen‹ Familie war dies von entscheidender Bedeutung. Das neue Leitbild enthielt bereits im Kern alle wesentlichen Momente, die auch als charakteristische Merkmale des gegenwärtigen Familienlebens hervorgehoben werden und durch die es sich grundlegend von den traditionellen Familienformen unterschied:

– Intensivierung und Intimisierung der Ehebeziehung; ›Liebe‹ wird zum ehestiftenden Motiv;
– Zentrale Bedeutung der Kinder und ihrer Erziehung; ›Kindheit‹ als ein besonderes Lebensalter grenzt sich aus;
– Abschottung der Familie als privater Sphäre von den anderen Lebensbereichen, besonders denen des Berufs und Erwerbs, aber auch gegen Eingriffe von außen.

Dies neue Familienideal wurde in Deutschland in der zweiten Hälfte des 18. Jahrhunderts von den Angehörigen des sich allmählich herausbildenden Bürgertums entwickelt, das sich zusammensetzt aus wenigen Großkaufleuten und Unternehmern, höheren Beamten sowie Vertretern der freien Berufe. Allen diesen Angehörigen des Bürgertums, oder in der Sprache der Zeit: des mittleren Standes, hatten bestimmte gemeinsame Existenzbedingungen. Arbeits- und Wohnbereich fielen zunehmend auseinander. Nur wenige waren sehr reich; viele, besonders Beamte und die Angehörigen der freien Berufe, lebten recht bescheiden, wenn auch in *relativ* gesicherten materiellen Verhältnissen. Frauen und Kinder hatten mit Erwerbsarbeit nichts mehr zu tun. Den Frauen verblieb allerdings – wenn man von den Verhältnissen in den wenigen, sehr reichen bürgerlichen Familien absieht – die teilweise recht umfängliche Haus- und Gartenarbeit.

(aus: Heidi Rosenbaum: Formen der Familie. Untersuchungen zum Zusammenhang von Familienverhältnissen, Sozialstruktur und sozialem Wandel in der deutschen Gesellschaft des 19. Jahrhunderts. Frankfurt/M. 1982, S. 251 f.)

Material 3 Das Ende der bürgerlichen Familie

Das Zeitalter der ›postfamilialen Familie‹ hat begonnen, behauptet der Wiener Soziologe Leopold Rosenmayr. Die gute alte Ehe, geschätzt von Staat und Kirche, gepriesen als ›Keimzelle der Gesellschaft‹, ist auch vielen Politikern, Familienrechtlern, Sozialwissenschaftlern nicht mehr heilig. Der Trend geht zur ›Ehe light‹.
Neue Regeln fürs Zusammenleben ohne Ballast und schädliche Nebenwirkungen sind auch in Bonn schon in Arbeit. Im Juni [1996] legte die Bundesregierung dem Parlament einen Gesetzentwurf für die Neuordnung im deutschen Familienrecht vor: Nichtverheirateten Paaren wird dabei erstmals das Recht auf gemeinsame Kindererziehung, die elterliche Sorge, eingeräumt.
Was eine Familie ist, entscheidet sich künftig danach, wer mit wem beim Frühstück sitzt – und nicht mehr nach Trauschein, gemeinsamem Namen oder Stammbuch. Nicht die traditionelle Ehe, sondern alle auf Dauer angelegten Lebensgemeinschaften genießen den Schutz der Rechtsordnung – so jedenfalls steht es in der neuen Landesverfassung von Brandenburg. Ähnliche Verfassungsformulierungen finden sich auch in anderen neuen Ländern.
Und jenseits des bürgerlichen Familienrechts werden ständig neue Modelle gehandelt, das Zusammenleben zwischen Mann und Frau, Groß und Klein neu zu organisieren. Child-sharing heißt ein Konzept: eine erzieherisch-ökonomische Arbeitsaufteilung, bei der sich die Mutter ein Kind mit Freundinnen teilt.
Die Zeiten, in denen Kommunen unter guten Bürgern etwas Anrüchiges und Wohngemeinschaften etwas Schmuddeliges anhaftete, sind endgültig vorbei. Die wilde Ehe ist salonfähig geworden: 56 Prozent der Deutschen plädieren für die Gleichberechtigung von Paaren mit und ohne Trauschein. Junge Frauen zwischen 16 und 29 Jahren sehen zu 71 Prozent keinen Grund mehr für die im deutschen Grundgesetz angelegte Bevorzugung von Eheleuten.
Die Lust an der Individualisierung scheint stetig, das Phänomen kaum umkehrbar: Jahr um Jahr wird weniger geheiratet und mehr geschieden. Gab es 1991 rund 454 000 Eheschließungen, waren es 1995 rund 24 000 weniger. Die Zahl der Scheidungen stieg im selben Zeitraum von 136 000 auf 169 000. Die langsame Entwicklung weg von der Ehe hält schon seit Jahrzehnten an. Jede dritte Ehe geht mittlerweile in die Brüche, in den Städten schon fast jede zweite.
In den neuen Bundesländern brachte der vorübergehende Scheidungsknick auch nicht das Comeback der Familie, wie vielfach angenommen, vielmehr führten offenbar Irritationen über das neue Familienrecht zur Trennungsflaute. Jetzt boomen die Scheidungsraten wieder. Vor 30 Jahren hielten in der Bundesrepublik noch fast neun von zehn Ehepaaren durch. Doch die Leidensfähigkeit, auch eine unerfüllte Partnerschaft zu erdulden, ist geringer als je zuvor. Immer weiter steigt die Zahl der sogenannten wilden Ehen – sie hat sich seit 1972 im Westen verzehnfacht, von 137 000 auf 1,3 Millionen. Jeder 20. erwachsene Deutsche entscheidet sich für die Bindung ohne Verbindlichkeit.
Die Single-Gesellschaft breitet sich aus. Die Singles wohnen bevorzugt in den poppigsten Quartieren der Großstädte und stellen dort bereits ein Viertel der Bevölkerung. Den Haushalt wollen sie mit niemandem teilen, die Liebe schon: Zwei Drittel dieser Spezies haben eine feste Partnerbeziehung außer Haus.
Ein Kulturbruch (Rosenmayr) vollzieht sich europaweit. Jede vierte Frau und fast jeder dritte Mann zwischen 21 und 44 Jahren leben in Frankreich bereits allein – Tendenz steigend. In Metropolen wie Zürich und Paris hausen mehr als die Hälfte

aller Bürger in Einpersonenhaushalten, und die offene Partnerschaft ist überall en vogue.
Die Stimmung entspricht dem Lebensgefühl der postindustriellen Gesellschaft. Jeder ist der Architekt seiner Biographie, jeder macht seinen ganz persönlichen Entwurf. Noch ist die Ehe das Standard-Modell – mehr als die Hälfte der erwachsenen Bevölkerung ist verheiratet –, aber wer begnügt sich auf Dauer schon mit Standard?

(aus: Der Spiegel Nr. 43, 21.10.1996, S. 79 f., leicht gekürzt)

Dramatische Genres

Material 4

Tragödie (dt. Trauerspiel): Dichterische Darstellung eines ›tragischen‹ Konflikts, der ungelöst bleibt. Oft ist ein von außen kommendes Schicksal der Auslöser, der die Handlung zur Katastrophe führt. Grundfragen: Freiheit und Notwendigkeit, Charakter und Schicksal, Schuld und Sühne.

Komödie (dt. Lustspiel): Konflikt wird nach der Entlarvung der menschlichen Unzulänglichkeiten heiter aufgelöst. Möglichkeiten: Der Verlachte triumphiert am Ende über seine Spötter. Verwicklungen und Verwechslungen lösen sich im Lachen auf. Oder: Der Dumme wird bloßgestellt und lächerlich gemacht.

Rührstück (frz. Comédie larmoyante, dt. auch Tränenkomödie, weinerliche Komödie): Empfindsame Form der Tragikomödie (um 1750). Rührende (›weinerliche‹) Elemente werden in die Komödie aufgenommen, die glückliche Auflösung wird beibehalten.

Commedia dell'arte: Volkstümliche ital. Stegreifkomödie: Handlung und Szenenabfolge sind im Grundriß festgelegt, Dialoge werden improvisiert, Schauspieler tragen oft Halbmasken. Eingestreute Witze, Tanz- und Musikeinlagen, Akrobatik usw. Stereotype Verwicklungen und Figuren (der geprellte Ehemann, Arlecchino, Stotterer). Aus Karnevalsspiel entstanden.

Pantomime: Theatervorführung, die nur aus stummen Gebärden, Mimenspiel, gestischen Handlungselementen besteht (Technik der Übertreibung!).

absurdes Theater: Avantgardist. Dramenform, die aus Protest gegen bürgerliche Scheinsicherheit das Gewohnte in Frage stellt, der absurden Logik einer sinnentleerten Welt folgt und das Sinnlose oder Sinnzerstörende als Grundlage dramatischer Gestaltung nimmt. Verzicht auf logischen Handlungsverlauf, auf weiterführende Dialoge zugunsten eines banalen und ziellosen Redens, das sich im Kreis bewegt oder austauschbar geworden ist.

Boulevardstück: Erfolgsicheres Unterhaltungsstück, das nicht auf Tiefsinn oder Formexperimente angelegt ist, sondern harmlose, aber reizvolle Handlungsverläufe (Intrigen, Affären) bietet. Figuren oft aus Geldbürgertum oder Halbwelt.

Dokumentartheater: Dramenform v.a. der sechziger Jahre, die auf historische Vorlagen zurückgreift und dokumentarisches Material (Akten, Protokolle, Interviews, Pressemeldungen) in die Handlung einbezieht bzw. zur Grundlage der Handlung macht.

Hörspiel: Das Akustische (gesprochener Dialog, Musik, Geräusche) bestimmt die Gestaltungsgesetze.

Material 5

Auszug aus Ovids *Metamorphosen* (V. 446–432):

Die Sequenz beschreibt, wie die Göttin Ceres auf der Suche nach ihrer Tochter Persephone bei einem Mütterchen einkehrt und deren Jungen aus Zorn in eine Eidechse verwandelt:

Der bestrafte Bube
Matt nun war sie vom Weg und lechzte vor Durst, und die Lippen
hatte genetzt kein Quell: Da sieht sie ein niedriges Häuschen
strohbedeckt und klopft an die Tür. Ein Mütterchen zeigt sich
öffnend und siehet die Göttin und reicht ihr, um Wasser gebeten, süßes Getränk, das
sie hatte bestreut mit gerösteter Gerste.
Während sie schlürfte den Trank, trat hin vor die Göttin ein Bube
dreisten Gesichts und frech und lacht und nannte sie gierig.
Zorn ist Ceres erregt, und sie gießt, da Neige geblieben,
über den Sprechenden aus das Klare gemischt mit der Hefe.
Flecken beziehn das Gesicht; was eben als Arm er bewegte,
regt er als Bein; anfügt sich ein Schwanz den gewandelten Gliedern,
und zu kleiner Gestalt, daß Macht zum Schaden gebreche,
schrumpfet er ein, noch kleiner im Maß wie die winzige Echse.
Während das Mütterchen staunt und weint und greift nach dem Tierchen,
nimmt er die Flucht und sucht ein Versteck, und entsprechend dem Aussehn
wird er genannt, am Leibe besternt mit gesprenkelten Tropfen.

(aus: Ovid, Metamorphosen. Mit den Radierungen von Pablo Picasso. Leipzig 1990, S. 125.)

Material 6

Kafka an den Verleger Kurt Wolff (25. Oktober 1915)

Sehr geehrter Herr!
Sie schrieben letzthin, daß Ottomar Starke ein Titelblatt zur Verwandlung zeichnen wird. Nun habe ich einen kleinen, allerdings soweit ich den Künstler aus ›Napoleon‹ kenne, wahrscheinlich sehr überflüssigen Schrecken bekommen. Es ist mir nämlich, da Starke doch tatsächlich illustriert, eingefallen, er könnte etwa das Insekt selbst zeichnen wollen. Das nicht, bitte das nicht! Ich will seinen Machtkreis nicht einschränken, sondern nur aus meiner natürlicherweise bessern Kenntnis der Geschichte heraus bitten. Das Insekt selbst kann nicht gezeichnet werden. Es kann aber nicht einmal von der Ferne aus gezeigt werden. Besteht eine solche Absicht nicht und wird meine Bitte also lächerlich – desto besser. Für die Vermittlung und Bekräftigung meiner Bitte wäre ich Ihnen sehr dankbar. Wenn ich für eine Illustration selbst Vorschläge machen dürfte, würde ich Szenen wählen, wie: die Eltern und der Prokurist vor der geschlossenen Tür oder noch besser die Eltern und die Schwester im beleuchteten Zimmer, während die Tür zum ganz finstern Nebenzimmer offensteht. Sämtliche Korrekturen sowie die Besprechungen haben Sie wohl schon bekommen.
Mit besten Grüßen Ihr ergebener   Franz Kafka
                                          (Br 135 f.)

Die Verwandlung (Titelblatt der Erstausgabe) **Material 7**

(Ottomar Starke: Die Verwandlung)

Material 7 Die Verwandlung (Illustration)

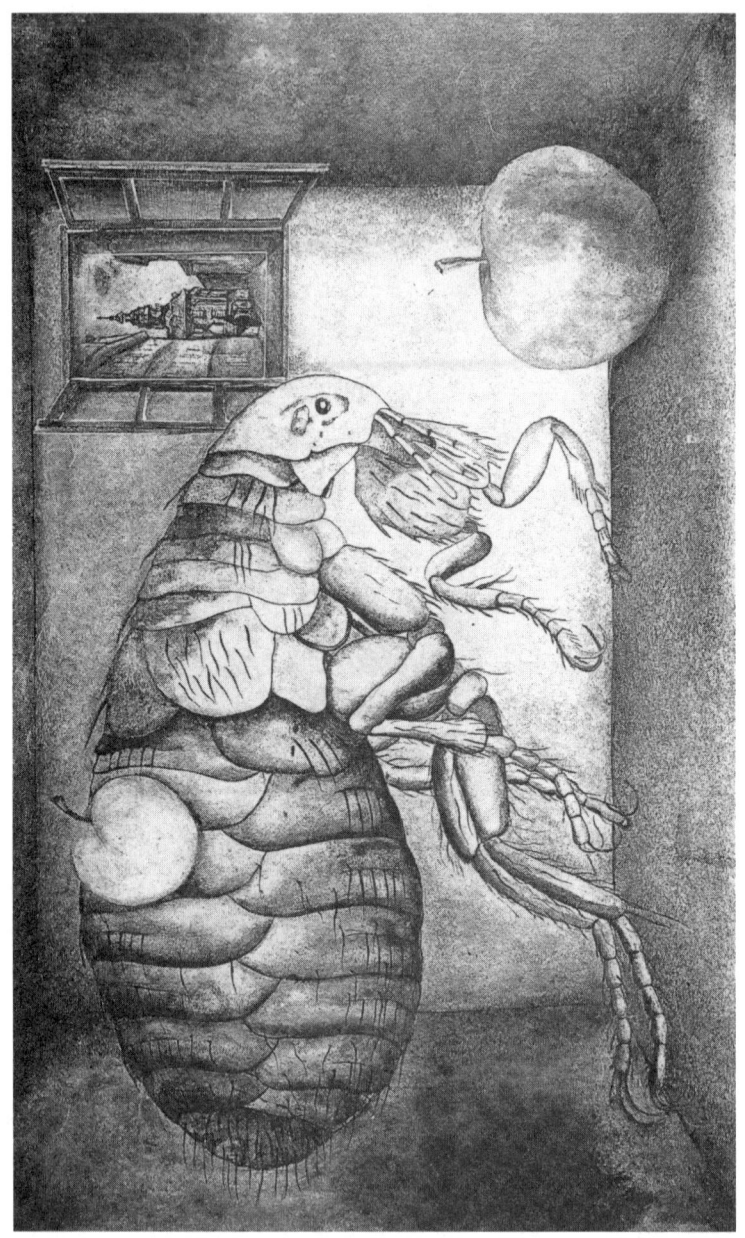

(Adam Hoffmeister: Die Verwandlung, 1974)

MARCEL PROUST: Beginn von *In Swanns Welt* (1913), dem ersten Teil von Prousts großem Romanwerk *Auf der Suche nach der verlorenen Zeit*. Der Icherzähler beschreibt darin den Grenzzustand von Wachen und Schlafen:

Material 8

Lange Zeit bin ich früh schlafen gegangen. Manchmal fielen mir die Augen, wenn kaum die Kerze ausgelöscht war, so schnell zu, daß ich keine Zeit mehr hatte zu denken: ›Jetzt schlafe ich ein.‹ Und eine halbe Stunde später wachte ich über dem Gedanken auf, daß es nun Zeit sei, den Schlaf zu suchen; ich wollte das Buch fortlegen, das ich noch in den Händen zu haben glaubte, und mein Licht ausblasen; im Schlafe hatte ich unaufhörlich über das Gelesene weiter nachgedacht, aber meine Überlegungen waren seltsame Wege gegangen; es kam mir so vor, als sei ich selbst, wovon das Buch handelte: eine Kirche, ein Quartett, die Rivalität zwischen Franz dem Ersten und Karl dem Fünften. Diese Vorstellung hielt zuweilen noch ein paar Sekunden nach meinem Erwachen an; meine Vernunft nahm kaum Anstoß an ihr, aber sie lag wie Schuppen auf meinen Augen und hinderte mich daran, Klarheit darüber zu gewinnen, daß das Licht nicht brannte. Dann wurde sie immer weniger greifbar, wie nach der Seelenwanderung die Gedanken einer früheren Existenz; der Gegenstand meiner Lektüre löste sich von mir ab, ich konnte mich damit beschäftigen oder nicht; gleichzeitig kehrte mein Sehvermögen zurück, und ich war erstaunt, rings um mich her eine Finsternis wahrzunehmen, die für meine Augen sanft und ausruhend war, mehr aber vielleicht sogar noch für meinen Geist, dem sie grundlos, unbegreiflich, wahrhaft ›dunkel‹ erschien. Ich fragte mich, wie spät es wohl sei; ich hörte das Pfeifen der Eisenbahnzüge, das – mehr oder weniger weit fort wie ein Vogellied im Wald – die Entfernungen markierte und mich die Weite der öden Landschaft erraten ließ, durch die sich der Reisende zur nächsten Station begibt; der kurze Weg, dem er folgt, wird in sein Gedächtnis eingegraben bleiben durch die erregende Neuheit der Stätten, die ungewohnten Dinge, die er tut, ein Gespräch, das er eben geführt hat, oder den Abschied unter einer fremden Lampe, der ihm noch nachgeht in der Stille der Nacht, die nahe Süße der Heimkehr. [...]
Ich schlief wieder ein und wachte dann manchmal nur noch sekundenlang auf, gerade lang genug, um ein Knacken im Gebälk zu hören oder den Blick dem Kaleidoskop der Dunkelheit zu öffnen und dank einem kurzen bewußten Augenblick wohlig den Schlaf zu genießen, in dem die Möbel, das Zimmer lagen, dies Ganze, von dem ich nur ein kleiner Teil war und in dessen Unbewußtheit ich rasch zurücksinken würde. Oder ich war im Schlafe mühelos in eine für immer abgelaufene Phase aus meinem kindlichen Urzustand zurückgekehrt und hatte wieder den Weg zu den Ängsten der ersten Jugend gefunden, wie etwa jener, die ich verspürte, wenn mein Großonkel mich an den Locken zog: sie war an dem Tage dahingeschwunden – für mich das Datum eines neuen Lebensbeginns –, wo sie mir abgeschnitten wurden. Während des Schlafes hatte ich dies Ereignis vergessen, doch ich erinnerte mich sofort wieder daran, sobald es mir gelungen war aufzuwachen, um den Händen meines Großonkels zu entgehen, aber vorsichtshalber wickelte ich meinen Kopf vollständig in das Kopfkissen ein, bevor ich in die Welt der Träume zurückkehrte. [...]
Vielleicht beziehen die Dinge um uns ihre Unbeweglichkeit nur aus unserer Gewißheit, daß sie es sind und keine anderen, aus der Starrheit des Denkens, mit der wir ihnen begegnen. Wenn ich jedenfalls in dieser Weise erwachte und mein Geist geschäftig und erfolglos zu ermitteln versuchte, wo ich war, kreiste in der Finsternis alles um mich her, die Dinge, die Länder, die Jahre: Noch zu steif, um sich zu rühren, suchte mein Körper je nach Art seiner Ermüdung sich die Lage seiner Glieder be-

wußt zu machen, um daraus die Richtung der Wand, die Stellung der Möbel abzuleiten und die Behausung, in der er sich befand, zu rekonstruieren und zu benennen.

(aus: Marcel Proust, In Swanns Welt. Frankfurt/M. 1981, S. 9–12)

Material 9

FREUDS Traumlehre

In einer einführenden Skizze zu Freuds VORLESUNGEN fasst der Autor Grundgedanken von Freuds Traumlehre zusammen:

In zweiter Linie führte Freuds Selbstanalyse zur Erforschung des Wesens der Träume. Diese erwiesen sich, ähnlich den neurotischen Symptomen, als Produkt eines Konfliktes und eines Kompromisses zwischen den primären unbewußten und den sekundären bewußten Regungen. Wenn man sie in ihre Elemente zerlegt, kann man auf ihren verborgenen unbewußten Inhalt schließen; und da die Träume eine ganz allgemeine, fast ubiquitäre Erscheinung sind, erwies sich ihre Deutung als eines der nützlichsten technischen Hilfsmittel, um den Widerstand neurotischer Patienten zu durchdringen.

Schließlich wurde es Freud durch die detaillierte Erforschung der Träume möglich, die bemerkenswerten Unterschiede zwischen dem Denken nach dem Primärvorgang und dem nach dem Sekundärvorgang – wie er diese Prozesse nannte –, also zwischen Erscheinungen im unbewußten beziehungsweise im bewußten Bereich der Seele zu erkennen. Es zeigte sich, daß im Unbewußten keinerlei Organisation oder Koordination besteht; jede einzelne Regung sucht unabhängig von allen übrigen nach Befriedigung; alle verlaufen voneinander unbeeinflußt; Widersprüche haben keinerlei Bedeutung, und die entgegengesetzten Regungen bestehen nebeneinander. So vollziehen sich im Unbewußten Ideenassoziationen ohne Rücksicht auf logische Zusammenhänge: Ähnliches wird zu Gleichem, Negatives wird Positivem gleichgesetzt. Desgleichen sind die Objekte, an die sich die [...] Tendenzen im Unbewußten heften, sehr leicht vertauschbar – in einer langen Kette von Assoziationen, die keine rationale Grundlage haben, kann eines durch ein anderes ersetzt werden. Freud bemerkte, daß das Eindringen von Mechanismen, die eigentlich zum Primärvorgang gehören, in das bewußte Denken nicht nur die Seltsamkeiten der Träume, sondern auch die vieler anderer normaler und pathologischer seelischer Erscheinungen erklärt.

(aus: James Strachey, Sigmund Freud – Eine Skizze seines Leben und Denkens. In: Sigmund Freud: Vorlesungen zur Einführung in die Psychoanalyse. Neue Folge der Vorlesungen. Studienausgabe Band 1, Frankfurt/M. 1982, S. 15)

Material 10

KAFKAS Brief über Erziehung an seine Schwester Elli (Herbst 1921)

Kafka bezieht sich darin auf Swifts Roman GULLIVERS REISEN. Er ist mit Swift der Meinung, dass man die Kinder den Eltern wegnehmen und **bezahlten Erziehern** anvertrauen solle:

Swift meint also:
Jede typische Familie stellt zunächst einen tierischen Zusammenhang dar, gewissermaßen einen einzigen Organismus, einen einzigen Blutkreislauf. Sie kann daher, auf sich allein angewiesen, nicht über sich hinaus, sie kann aus sich allein keinen neuen Menschen schaffen, versucht sie es durch Familienerziehung, ist es eine Art geistiger Blutschande.

Die Familie ist also ein Organismus, aber ein äußerst komplizierter und unausgeglichener, wie jeder Organismus strebt auch sie fortwährend nach Ausgleichung. Soweit dieses Streben nach Ausgleichung zwischen Eltern und Kindern vor sich geht (die Ausgleichung zwischen den Eltern gehört nicht hierher), wird sie Erziehung genannt. Warum das so genannt wird, ist unverständlich, denn von wirklicher Erziehung, also dem ruhigen, uneigennützig liebenden Entfalten der Fähigkeiten eines werdenden Menschen oder auch nur dem ruhigen Dulden einer selbständigen Entfaltung ist hier keine Spur. Vielmehr ist es eben nur der meist unter Krämpfen vorsichgehende Versuch der Ausgleichung eines zumindest während vieler Jahre zur schärfsten Unausgeglichenheit verurteilten tierischen Organismus, den man zum Unterschied vom einzelnen Menschentier das Familientier nennen kann.

Der Grund der unbedingten Unmöglichkeit einer sofortigen gerechten Ausgleichung (und nur eine gerechte Ausgleichung ist wirkliche Ausgleichung, nur sie hat Bestand) innerhalb dieses Familientieres ist die Unebenbürtigkeit seiner Teile, nämlich die ungeheuerliche Übermacht des Elternpaares gegenüber den Kindern während vieler Jahre. Infolgedessen maßen sich die Eltern während der Kinderzeit der Kinder das Alleinrecht an, die Familie zu repräsentieren, nicht nur nach außen, sondern auch in der inneren geistigen Organisation, nehmen also dadurch den Kindern das Persönlichkeitsrecht Schritt für Schritt und können sie von da aus unfähig machen, jemals dieses Recht in guter Art geltend zu machen, ein Unglück, das die Eltern später nicht viel weniger schwer treffen kann als die Kinder. [...]

Der Eigennutz der Eltern – das eigentliche Elterngefühl – kennt ja keine Grenzen. Noch die größte Liebe der Eltern ist im Erziehungssinn eigennütziger als die kleinste Liebe des bezahlten Erziehers. Es ist nicht anders möglich. Die Eltern stehn ja ihren Kindern nicht frei gegenüber, wie sonst ein Erwachsener dem Kind gegenübersteht, es ist doch das eigene Blut – noch eine schwere Komplikation: das Blut beider Elternteile. Wenn der Vater (bei der Mutter ist es entsprechend) ›erzieht‹, findet er z. B. in dem Kind Dinge, die er schon in sich gehaßt hat und nicht überwinden konnte und die er jetzt bestimmt zu überwinden hofft, denn das schwache Kind scheint ja mehr in seiner Macht als er selbst, und so greift er blindwütend, ohne die Entwicklung abzuwarten, in den werdenden Menschen, oder er erkennt z. B. mit Schrecken, daß etwas, was er als eigene Auszeichnung ansieht und was daher (daher!) in der Familie (in der Familie!) nicht fehlen darf, in dem Kinde fehlt, und so fängt er an, es ihm einzuhämmern, was ihm auch gelingt, aber gleichzeitig mißlingt, denn er zerhämmert dabei das Kind, oder er findet z. B. in dem Kind Dinge, die er in der Ehefrau geliebt hat, aber in dem Kinde (das er unaufhörlich mit sich selbst verwechselt, alle Eltern tun das) haßt, so wie man z. B. die himmelblauen Augen seiner Ehefrau sehr lieben kann, aber aufs höchste angewidert wäre, wenn man plötzlich selbst solche Augen bekäme, oder er findet z. B. in dem Kind Dinge, die er in sich liebt oder ersehnt und für familiennotwendig hält, dann ist ihm alles andere an dem Kinde gleichgültig, er sieht in dem Kind nur das Geliebte, er hängt sich an das Geliebte, er erniedrigt sich zu seinem Sklaven, er verzehrt es aus Liebe.

Das sind, aus Eigennutz geboren, die zwei Erziehungsmittel der Eltern: Tyrannei und Sklaverei in allen Abstufungen, wobei sich die Tyrannei sehr zart äußern kann (›Du mußt mir glauben, denn ich bin deine Mutter!‹) und die Sklaverei sehr stolz (›Du bist mein Sohn, deshalb werde ich dich zu meinem Retter machen‹), aber es sind zwei schreckliche Erziehungsmittel, zwei Antierziehungsmittel, geeignet, das Kind in den Boden, aus dem es kam, zurückzustampfen.

(Br 344–346)

Unterrichtshilfen 149

Material 11

SIEGFRIED KRACAUER analysiert in seiner weit gefassten Untersuchung *DIE ANGE-STELLTEN* (1930) die Situation der Angestellten in Berlin. Auch wenn sie nicht dem Arbeitermilieu angehören, sind sie wegen ihres geringen Lohns und der Abhängigkeitsverhältnisse doch dem Proletariat zuzurechnen:

> Kein Geringerer als Emil Lederer nennt es ›eine objektive Tatsache, wenn man behauptet, daß die Angestellten das Schicksal des Proletariats teilen‹. Ja, er wagt die Aussage: ›… der gesellschaftliche Raum, in dem wir noch die moderne Sklaverei finden …, ist heute nicht mehr der Betrieb, in welchem die große Masse der Arbeiter arbeitet, sondern dieser soziale Raum ist das Bureau‹. Über das Quantum der Sklaverei hier und dort läßt sich streiten, aber die Proletarisierung der Angestellten ist nicht zu bezweifeln. Jedenfalls gelten für breite, im Angestelltenverhältnis befindliche Schichten ähnliche soziale Bedingungen wie für das eigentliche Proletariat. Es hat sich eine industrielle Reservearmee der Angestellten gebildet. Der Auffassung, daß sie eine vorübergehende Erscheinung sei, steht die andere gegenüber, daß sie erst mit dem System abgerüstet werden könne, durch das sie heraufbeschworen worden ist – eine Diskussion, von der noch zu reden sein wird. Ferner ist die Existenzunsicherheit gewachsen und die Aussicht auf Unabhängigkeit nahezu völlig geschwunden. Kann danach der Glaube aufrechterhalten werden, daß die Angestelltenschaft so etwas wie ein ›neuer Mittelstand‹ sei? Man wird sehen, daß die für Angestellte produzierten Illusionen auf reichliche Nachfrage stoßen.
>
> Immerhin ist der Wirklichkeitssinn der Angestellten durch ihre gedrückte materielle Lage geschärft worden. Durchschnittsgehälter, die für Ausgelernte bei unter 150 Mark anheben und für berufsältere Kräfte in gehobenen Stellungen kaum je 500 Mark erreichen, nötigen sie dazu, sich mindestens in ökonomischer Hinsicht als Arbeitnehmer zu fühlen. Das Einkommen der weiblichen Angestellten ist übrigens in der Regel 10 bis 15 Prozent niedriger.

(aus: Siegfried Kracauer, Die Angestellten. Mit einer Rezension von Walter Benjamin. Frankfurt/M. 1974, S. 13)

Material 12

LEOPOLD VON SACHER-MASOCH: *VENUS IM PELZ* (1870)

Gregor (alias Severin), der Ich-Erzähler des Romans *VENUS IM PELZ* von Leopold von Sacher-Masoch, erwacht, nachdem er am Vortag zum ersten Mal von seiner Pelzdame ausgepeitscht worden ist:

> Nachdem ich die Nacht wie im Fieber in wirren Träumen gelegen, bin ich erwacht. Es dämmerte kaum.
>
> Was ist wahr von dem, was in meiner Erinnerung schwebt? Was habe ich erlebt und was nur geträumt? Gepeitscht bin ich worden, das ist gewiß, ich fühle noch jeden einzelnen Hieb, ich kann die roten, brennenden Streifen an meinem Leib zählen. Und sie hat mich gepeitscht. Ja, jetzt weiß ich alles.
>
> Meine Phantasie ist Wahrheit geworden. Wie ist mir? Hat mich die Wirklichkeit meines Traumes enttäuscht?

(aus: Leopold von Sacher-Masoch, Venus im Pelz. Mit einer Studie über den Masochismus von Gilles Deleuze. Frankfurt/M. 1980, S. 53)

Gregor Keuschnig in Peter Handkes *Die Stunde der wahren Empfindung* hat eines Nachts einen Traum, der sein ganzes Leben verändert: Er träumt einen Mord begangen zu haben. Dieser Traum macht ihm seine entfremdete Lebensweise und seine mechanischen Lebensvollzüge mit einem Schlag bewusst und veranlasst ihn schließlich, aus den Gewohnheiten auszubrechen und ein anderes Leben zu führen:

Material 13

In einer solchen Nacht Ende Juli hatte Gregor Keuschnig einen langen Traum, der damit anfing, daß er jemanden getötet hatte.
Auf einmal gehörte er nicht mehr dazu. Er versuchte sich zu verändern, so wie ein Stellungssuchender ›sich verändern‹ will; doch um nicht entdeckt zu werden, mußte er genau so weiterleben wie bisher und vor allem so bleiben wie er war. Auf diese Weise war es schon eine Verstellung, wenn er sich wie gewöhnlich mit andern zum Essen setzte; und daß er plötzlich so viel redete, von sich, von seinem ›früheren Leben‹, tat er nur, um von sich abzulenken. Welche Schande werde ich meinen Eltern bereiten, dachte er, während die Ermordete, eine alte Frau, dürftig vergraben in einer Holzkiste lag: ein Mörder in der Familie! Am meisten aber bedrückte ihn, daß er jemand andrer geworden war und doch weiter so tun mußte, als ob er dazugehöre. Der Traum endete damit, daß ein Vorübergehender die Holzkiste aufmachte, die inzwischen schon offensichtlich vor seinem Haus stand.
Wenn Keuschnig früher etwas nicht aushielt, legte er sich gewöhnlich irgendwo abseits nieder und schlief ein. In dieser Nacht war es umgekehrt: der Traum war so unerträglich, daß er aufwachte. Aber wach sein war gleich unmöglich wie schlafen, – nur lächerlicher, langweiliger: als hätte er schon seine unabsehbare Strafe angetreten. Es war etwas passiert, das er nicht mehr rückgängig machen konnte. Er verschränkte die Hände hinter dem Kopf, doch diese Gewohnheit stellte nichts wieder her. Windstille vor dem Fenster seines Schlafzimmers; und wenn nach langem einmal an dem immergrünen Baum im Hof ein Ast schwang, hatte er den Eindruck, daß nicht ein Windstoß ihn bewegte, sondern die angesammelte Innenspannung in dem Ast selber. Keuschnig fiel ein, daß über seiner ebenerdigen Wohnung noch sechs andere Stockwerke lagen, eines über dem andern!, mit schweren Möbeln vollgestellt wahrscheinlich, dunkelgebeizten Schränken. Er zog die Hände nicht hinter dem Kopf hervor, blies nur wie zum Schutz die Wangen auf. Er versuchte sich vorzustellen, wie es nun weitergehen sollte. Weil alles so ungültig geworden war, konnte er sich auch nichts mehr vorstellen. Er rollte sich ein und versuchte wieder einzuschlafen. Anders als früher war nun das Einschlafen keine Möglichkeit mehr. Er stand gefühllos auf, als mit dem ersten Zug gegen sechs auf dem Nachttisch endlich das Wasserglas klingelte.
[…] Die Wohnung war so verschachtelt, daß man das Kind, auch wenn es nicht verloren gehen konnte, häufig rief: ›Wo bist du?‹ Das Zimmer des Kindes war von drei Seiten zugleich zu betreten: vom Flur; vom hinteren Zimmer, das seine Frau ›Arbeitszimmer‹ nannte; und vom nur vor fremden Besuchern so genannten ›Elternschlafzimmer‹. […]
Der Traum ist wahr gewesen, und ich habe ihn an diese eingepaukte Harmonie verraten, dachte er. Panoramafeigling mit Segelfliegerblick! Der Traum ist vielleicht mein erstes Lebenszeichen seit langem gewesen. Er hat mich warnen sollen. Er wollte mich umdrehen, wie jemanden, der lange auf der falschen Seite gestanden hat. Ich möchte die schlafwandlerischen Sicherheiten für den Wachzustand vergessen. Die Träume zu vergessen, war immer leicht. Die Sicherheiten zu verlieren, wird anstrengend sein, weil mir täglich dieselben Sicherheiten begegnen werden – die

doch nur andre mir vorgeträumt haben. Die Sicherheit in dem Blick etwa, mit dem ich von der Anhöhe hier auf das Gewimmel herunterschaue, sichert den Lebenstraum von jemand anderem. Was ist mein Lebenstraum? dachte Keuschnig. Ich werde die Sicherheiten dadurch vergessen, daß ich mich an einen Lebenstraum erinnern werde.

(aus: Peter Handke, Die Stunde der wahren Empfindung. Frankfurt/M. 1978, S. 8–10, 35)

Material 14 Hermann Kafka (1852–1931), der Vater von Franz Kafka

(© Verlag Klaus Wagenbach, Berlin 1983, NA 1989 und 1994)

Kafka wohnte fast immer bei seinen Eltern (selbst als er finanziell unabhängig war und hätte ausziehen können), in engen Verhältnissen, wo seine Geräuschempfindlichkeit täglich aufs neue strapaziert wurde. Für Kafka senior, einen Riesen von Mann, war sein Sohn eine Niete, ein »*Schlemihl*«, kurz, eine Enttäuschung. Er machte nie ein Hehl daraus.

(aus: »Kafka kurz und knapp«. © 1993 by David Zane Mairowitz und Robert Crumb. Für die deutsche Übersetzung © 1995 by Zweitausendeins, Postfach 610637, 60381 Frankfurt am Main.)

Material 16 OTTO GROSS: *DER KAMPF GEGEN DAS VATERRECHT*

Otto Gross, ein zeitweiliger Schüler Sigmund Freuds und Bekannter Kafkas, beschreibt in seinem Aufsatz ZUR ÜBERWINDUNG DER KULTURELLEN KRISE (1913) die **Revolution**, die dem Individuum die Freiheit der individuellen Entfaltung, die Loslösung aus den Autoritätsstrukturen der Familie und die Überwindung der vaterrechtlichen Ordnung ermöglichen soll:

> Es ist keiner der Revolutionen, die der Geschichte angehören, gelungen, die Freiheit der Individualität aufzurichten. Sie sind wirkungslos verpufft, sie sind geendet in einem hastenden Sicheinordnenwollen in allgemein geltende Normalzustände. Sie sind zusammengebrochen, weil der Revolutionär von gestern die Autorität in sich selbst trug. Man kann jetzt erst erkennen, daß in der Familie der Herd aller Autorität liegt, daß die Verbindung von Sexualität und Autorität, wie sie sich in der Familie mit dem noch geltenden Vaterrecht zeigt, jede Individualität in Ketten schlägt.
>
> Die Krisenzeiten hoher Kulturen haben bisher immer die Klagen über das Lockern der Ehe und der Familienbande in Gefolgschaft – die Ehe ist eine vorwiegend bäuerliche Institution –, man konnte indes aus dieser Unsittlichkeitstendenz den lebensbejahenden ethischen Schrei nach Erlösung der Menschheit nicht heraushören. Es ging alles wieder zugrunde, und das Problem der Befreiung von der Erbsünde, der Versklavung der Frau um der Kinder willen, blieb ungelöst.
>
> Der Revolutionär von heute, der mit Hilfe der Psychologie des Unbewußten die Beziehungen der Geschlechter in einer freien und glückverheißenden Zukunft sieht, kämpft gegen Vergewaltigung in ursprünglichster Form, gegen den Vater und gegen das Vaterrecht.
>
> Die kommende Revolution ist die Revolution fürs Mutterrecht. Es bleibt gleichgültig, unter welchen Erscheinungsformen und mit welchen Mitteln sie sich vollzieht.

(aus: Otto Gross, Zur Überwindung der kulturellen Krise. In: ders.: Von geschlechtlicher Not zur sozialen Katastrophe. Mit einem Textanhang von Franz Jung. Hg. und kommentiert von Kurt Kreiler. Frankfurt/M. 1980, S. 15 f.)

Material 17 HARRY PROSS: Antwort auf Franz Kafkas »Brief an den Vater«

Lieber Franz!

Dein Brief vom 8. Dezember 1919 ist mir infolge der revolutionären Wirren erst gestern zugekommen, und ich benütze den Neujahrstag, um darauf zu antworten. Vielleicht haben aber auch nicht die Wirren die Zustellung verzögert, sondern der Umstand, daß viele Beamte sich oft krank melden. […]

Tatsächlich bist Du von Weibspersonen erzogen worden, nicht vom Vater. Insofern bin ich die falsche Adresse für Deine Klagen. Aber ich verstehe nun besser, warum Du mit Deinen Heiratsabsichten gescheitert bist. Ob ich als Vater zu stark für Dich gewesen bin, kann ich nicht beurteilen. Ich mußte mit wachsendem Geschäftserfolg meine Kräfte noch mehr zusammennehmen, um nicht zu fallieren. Vielleicht war das zuviel für Dich. Eher glaube ich, daß die Frauen um Dich, nicht zuletzt Deine Schwester Ottla, Deinen Kampfgeist geschwächt oder ihn gar nicht erst haben aufkommen lassen. Du schreibst von Deinem Erstaunen, daß es gelang, durch die erste Schulklasse zu kommen, und später wieder; aber nicht davon, daß es *Dir* gelang, wohl aber, daß mein Gewicht Dich immer viel stärker hinunter zog. Wie konnte mein Gewicht ziehen, wenn Du mich nicht gesehen hast?

Es scheint mir, Du baust Dir da in Deinem Vater eine Scheinfirma auf, der Du Deine fallierenden Geschäfte zuschreiben kannst, vielleicht auch eine Fiktion, was Du hättest werden können, wenn Du nicht den groben Fleischhauersohn zum Vater gehabt hättest, sondern einen feinen, reichen Mann aus der Mischpoche Löwy/Porias. Vielleicht aber hast Du recht, daß ich mich um Deine Geschäfte so wenig gekümmert habe wie Du Dich um die meinen, und Dein Brief ist nur ein verspäteter Ruf an den Papa, sich anzusehen, was das Kind wieder Vortreffliches gemacht hat. Daß ich Deine Bücher auf meinen Nachttisch legte, ohne mit Dir über den Inhalt zu sprechen, war gewiß mein Fehler. Hat aber mein Franz sich je für die Bücher des Vaters interessiert, in denen nicht erzählt, sondern gerechnet wird?

(aus: ›Lieber Franz! Mein lieber Sohn!‹ Antworten auf Franz Kafkas BRIEF AN DEN VATER.
Hg. von Helmwart Hierdeis. Wien ²1997, S. 35, 37)

GOTTFRIED BENN: »Ein Trupp hergelaufener Söhne schrie«

Material 18

Ein Trupp hergelaufener Söhne schrie:
Bewacht, gefesselt des Kindes Glieder schon
durch Liebe, die nur Furcht war;
waffenunkundig gemacht,
uns zu befreien,
sind wir Hasser geworden,
erlösungslos.

Als wir blutfeucht zur Welt kamen,
waren wir mehr als jetzt.
Jetzt haben Sorgen und Gebete
beschnitten uns und klein gemacht.

Wir leben klein.
Wir wollen klein.
Und unser Fühlen frißt wie zahmes Vieh
dem Willen aus der Hand.

Aber zu Zeiten klaftern Wünsche,
in unserem frühesten Blut erstarkt,
ihre Flügel adlerhaft,
als wollten sie einen Flug wagen
aus der Erde Schatten.
Doch die Mutter der Sorgen und Gebete,
die Erde, euch verbündet,
läßt sie nicht von ihrem alten faltigen Leib.

Aber ich will mein eigenes Blut.
Ich dulde keine Götter neben mir.
Heißt: Sohn sein: sich höhnen lassen von seinem Blut:
Feiger Herr, feiger Herr!
Purpurgeschleiert steht meine Schönheit
Tag und Nacht für dich.
Was zitterst du?

(aus: Gottfried Benn, Gesammelte Werke, Bd. 3. Hg. von Dieter Wellershoff.
Wiesbaden 1968, S. 392 f.)

Material 19 GABRIELE WOHMANN: »Ich bin kein Insekt«

Ich bin kein Insekt
Aber insektenmäßig
Bin ich auf den Rücken gefallen
Meine Beine
Suchen den Boden in der Luft
Ich habe Glück
Ich kippe mich seitlich um
Ich befinde mich auf meinen Füßen
Ich mache Gehversuche
Es geht Ich gehe
Aber jemand erinnert sich an sein Spiel
Jemandem nützen meine Gehversuche
Überhaupt nichts
Jemand dessen Spiel ich verdarb
Legt mich ganz freundlich zurück
Das Spiel hat experimentellen Charakter
Ich bin wieder auf dem Rücken
So bin ich brauchbar
In Rückenlage bin ich einige Beobachtungen wert
Sofern ich mich in mein Pech schicke
Ich bin Lehrstoff
Ich diene dem Fortschritt
Mit mir kann man etwas beweisen

(aus: Gabriele Wohmann: Ausgewählte Gedichte 1964–1982.
Darmstadt, Neuwied 1983, S. 15)

Anhang

Anmerkungen

1 Maurice Blanchot 1988, S. 125.
2 Allemann 1987, S. 35.
3 Politzer 1973, S. 216.
4 Franz Kafka: Sämtliche Erzählungen, hg. von Paul Raabe, Frankfurt/M. 1970, S. 321. In dem von Max Brod herausgegebenen Band BESCHREIBUNG EINES KAMPFES fehlt der Schlussteil des Textes. In der textkritischen Ausgabe (NACHGELASSENE SCHRIFTEN UND FRAGMENTE II) ist der Text vollständig aufgeführt.
5 An Oskar Pollack, 27. Jan. 1904 (Br 27).
6 Näheres hierzu bei Ulrich Fülleborn: Zum Verhältnis von Perspektivismus und Parabolik in der Dichtung Kafkas. In: Wissenschaft als Dialog. Studien zur Literatur und Kunst seit der Jahrhundertwende. Hg. von Renate von Heydebrand und Klaus Günther Just. Stuttgart 1969, S. 289–312.
7 Walter Benjamin: Der Erzähler. Betrachtungen zum Werk Nikolai Lesskows. In: ders.: Illuminationen. Ausgew. Schriften. Frankfurt/M. 1977, S. 385–410.
8 Kaiser 1973, S. 85.
9 Vgl. Anderson 1988; Rudloff 1997. Vgl. auch 4.8.5.
10 Deleuze/Guattari 1976, S. 32.
11 Ebd. S. 50.
12 Ebd. S. 20.
13 Es gibt keinerlei Sinn mehr, weder primären noch übertragenen, es gibt nur noch Verteilung von Zuständen über das aufgefächerte Wort. Die ›Sachen‹ und die ›anderen Sachen‹ sind nur noch Intensitäten, durchzogen von deterritorialisierten Lauten oder Worten, die ihren Fluchtlinien folgen. Es geht nicht mehr um Ähnlichkeit zwischen menschlichem und tierischem Verhalten – und schon gar nicht um ein Wortspiel. Es gibt überhaupt keine Tiere und Menschen mehr, da sie sich gegenseitig deterritorialisieren in einem Intensitätskontinuum. (Ebd. S. 32)
14 Elias Canetti schrieb über Kafka: Unter allen Dichtern ist Kafka der größte Experte der Macht. Er hat sie in jedem ihrer Aspekte erlebt und gestaltet. (Canetti 1984, S. 76).
15 Sautermeister 1974, S. 105.
16 Ebd. S. 103.
17 Sokel 1981.
18 Vogl 1990, S. 100.
19 Binder 1983.
20 Heselhaus 1952, S. 363 f.
21 Rudolf Kreis: Die doppelte Rede des Franz Kafka. Eine textlinguistische Analyse. Paderborn 1976, S. 101–118.
22 Walter Benjamin: Ursprung des deutschen Trauerspiels. Frankfurt/M. 1969. – Paul de Man: Allegorien des Lesens. Figurative Sprache bei Rousseau, Nietzsche, Rilke und Proust. Frankfurt/M. 1988.
23 Anders 1947, S. 139.
24 Binder 1983, S. 151.
25 Beicken 1986, S. 75.
26 20.12.1902 (Br 14).
27 An Max Brod, Mitte August 1907 (Br 37).
28 14.8.1913 (BrF 444).
29 An Robert Klopstock, Ende März 1923 (Br 431).
30 11. Febr. 1913 (T 217).
31 Der Roman bin ich, meine Geschichten sind ich [...] (BrF 226, 2./3. Jan. 1913).
32 Vgl. Anz 1989, S. 78.
33 Anz 1989, S. 78.
34 Raabe 1967, S. 161.
35 Ebd. S. 169.
36 Vgl. Hartmut Binder: Kafka und die ›Neue Rundschau‹. In: Jahrbuch der Deutschen Schillergesellschaft 12 (1968), S. 94 ff.
37 René Descartes: Prinzipien der Philosophie, Teil I. Darmstadt 1955, S. 2 f.
38 G. F. W. Hegel: Phänomenologie des Geistes. Werke Bd. 3, Frankfurt/M. 1970, S. 28.
39 Hermann Bahr: Das unrettbare Ich, in: ders.: Zur Überwindung des Naturalismus. Theoretische Schriften 1887–1904, ausgew., eingel. und erläutert von Gotthart Wunberg. Stuttgart u.a. 1968, S. 190 f.
40 Sigmund Freud: Vorlesungen zur Einführung in die Psychoanalyse. In: Studienausgabe Bd. I. Frankfurt/M. 1982, S. 204.
41 Vgl. Karl Heinz Bohrer: Die Ästhetik des Schreckens. Die pessimistische Romantik und Ernst Jüngers Frühwerk. München 1978, S. 76. Von Anfang an stellt die literarische Moderne ein Korrektiv zur wissenschaftlich-technischen Moderne dar.
42 Heinrich von Kleist. Sämtliche Werke und Briefe, Bd. 2. Hg. von Helmut Sembdner. Darmstadt 1983, S. 144.
43 Ebd. S. 104.
44 Abraham 1993, S. 27.
45 Vgl. hierzu Hasselblatt 1964, S. 98.
46 Adorno 1969, S. 307.
47 Adorno 1969, S. 307.
48 Nabokov 1986, S. 132.
49 Näheres hierzu bei Karl Heinz Bohrer: Die

Ästhetik des Schreckens. Die pessimistische Romantik und Ernst Jüngers Frühwerk. München 1978, S. 419.

[50] Der Aufklärung ging es um eine vernunftbestimmte Selbstkontrolle des Menschen und um die optimistische Überzeugung, dass ein vernünftiges Leben auch zum Glück des Einzelnen führen müsse. Schmerz und Tod waren mit der aufklärerischen Anthropologie schwer vereinbar.

[51] Vgl. Nabokov 1986, S. 111.

[52] Nabokov 1986, S. 105.

[53] Zur Wohnungsrekonstruktion vgl. auch Beicken 1995, S. 114–120; Nabokov 1986, S. 111 und 120. Der hier vorgeschlagene Grundriss weicht in einigen Punkten von dem Entwurf dieser Autoren ab.

[54] Vgl. hierzu Jahnke 1990, S. 41–43, und Klaus Ramm: Reduktion als Erzählprinzip bei Kafka. Frankfurt/M. 1971, S. 39–42.

[55] In der Technik des **Bewußtseinsstroms**, die Kafka nicht verwendet, wird versucht das Ungeordnete und assoziativ Sprunghafte der Bewusstseinsvorgänge auch syntaktisch – etwa in unvollendeten Sätzen – einzufangen.

[56] Franz K. Stanzel: Theorie des Erzählens. 4. Aufl. Göttingen 1989.

[57] Beißner 1983, S. 42 f.

[58] Arthur Schnitzlers Erzählung *LEUTNANT GUSTL* (1900) und Richard Beer-Hofmanns Roman *DER TOD GEORGS* (1900) sind in der deutschsprachigen Literatur die ersten Texte, die das Geschehen konsequent aus der Innenperspektive heraus vermitteln.

[59] Vgl. hierzu Fingerhut 1996, S. 79.

[60] Vgl. hierzu den Aufsatz von Bernhard Greiner: Kafkas Widerrufe. Die Schlüsse der *VERWANDLUNG*, des *VERSCHOLLENEN* und des *HUNGERKÜNSTLERS*. In: Wirkendes Wort 24 (1974), S. 85–99. Nach Greiner wird in diesen Werken die Negativität des Textes am Schluss widerrufen, schließlich aber wird auch deren Widerruf negiert und das Bild fragloser Lebensgewissheit als Unmöglichkeit entlarvt.

[61] Adorno 1969, S. 315.

[62] Dieses Begriffspaar verwendet Schubiger (1969, S. 315).

[63] **In der Prager Treibhausluft entstanden Arbeiten von monströser Erotik und schwüler Sexualität. [...] Diese Flucht vor der eigentlichen Welt in eine des Make-up äußerte sich besonders in der Sprache, einer parfümierten Wortakrobatik mit überzogenen Metaphern und barocken Adjektiven.** (Wagenbach 1964, S. 51)

[64] Vgl. Deuleuze und Guattari 1976, S. 33.

[65] Diese Formulierung nimmt den Titel des Kafka-Buches von Deleuze und Guattari (1976) ein: *KAFKA. FÜR EINE KLEINE LITERATUR*, wobei im französischen Originaltitel *POUR UNE LITTÉRATURE MINEURE* noch die Konnotation der **minoritären** Situation mitschwingt.

[66] Dies hat Christine Lubkoll in ihrem (bisher unveröffentlichten) Münchner Habilitationsvortrag von 1993 aufgezeigt.

[67] Zur *VERWANDLUNG* bisher vor allem F. D. Luke: The Metamorphosis. In: Franz Kafka Today. Ed. by Angel Flores and Homer Swander. New York 1977, S. 25–44; Abraham 1993, S. 66–67. Zu Kafka allgemein Heinz Hillmann: Versuch, Kafka als Komödie zu lesen. In: Diskussion Deutsch 1983, H. 72, S. 370–379.

[68] Abraham 1993, S. 31.

[69] Schubiger 1969, S. 28; Rudloff 1997.

[70] Sigmund Freud: Das Unbehagen in der Kultur. Studienausgabe Bd. IX. Frankfurt/M. 1982, S. 197–270. – Ders.: Zeitgemäßes über Krieg und Tod. Studienausgabe Bd. IX. Frankfurt/M. 1982, S. 35–60.

[71] Vgl. Christine Lubkoll: Mythos Musik. Poetische Entwürfe des Musikalischen in der Literatur um 1800. Freiburg 1995.

[72] So Abraham 1993, S. 33 f.

[73] Heselhaus 1952, bes. S. 356 ff.; vgl. auch Beicken 1995, S. 72 f.

[74] Beicken 1995, S. 75.

[75] So ist wohl auch Corngolds Titel gemeint: *THE METAMORPHOSIS OF THE METAPHOR*. In: Franz Kafka's *THE METAMORPHOSIS*. Ed. and with an introduction by Harold Bloom. New York 1988, S. 37–51.

[76] Der Brief von Ottomar Starke wird zit. in: Wolfgang Rothe: Kafka in der Kunst. Stuttgart, Zürich 1979, S. 46.

[77] Zum sozialpsychologischen Rollen- und Identitätsbegriff vgl. vor allem George H. Mead: Identität und Gesellschaft. Frankfurt/M. 1968, und Talcott Parsons: Sozialstruktur und Persönlichkeit. Frankfurt/M. 1968.

[78] Siegfried Kracauer: Die Angestellten. Mit einer Rezension von Walter Benjamin. Frankfurt/M. 1979, S. 38.

[79] Abraham 1993, S. 37.

[80] Binder 1983, S. 173 ff.

[81] Kaiser 1973, S. 90.

[82] Walter Benjamin: Franz Kafka. In: ders.: Gesammelte Schriften Bd. 2,2. Frankfurt/M. 1977, S. 409–439; dort S. 431.

[83] Elizabeth Boa: Kafka. Gender, Class, and Race in the Letters and Fictions. Oxford 1996.

[84] Klaus Theweleit hat den Zusammenhang von männlicher Körperbeherrschung und Triebunterdrückung, soldatischer Weiblichkeitsprojektionen und Faschismus aufgezeigt (*MÄNNERPHANTASIEN*, 2 Bde. Reinbek 1980).

[85] Judith Butler: Das Unbehagen der Geschlechter. Frankfurt/M. 1991, S. 41.

[86] Hierzu vor allem Rudloff 1997; Anderson 1988.
[87] Leopold von Sacher-Masoch: Venus im Pelz. Frankfurt/M. 1980, S. 53.
[88] Anderson 1988, S. 133.
[89] Repr. Wiesbaden 1986, bes. S. 17.
[90] Ebd. S. 19.
[92] Vgl. hierzu Klaus-Michael Bogdal: **Das Urteil kommt nicht mit einemmal**. Symptomale Lektüre und historische Diskursanalyse von Kafka *Vor dem Gesetz*. In: Bogdal 1993, S. 59.
[93] Vgl. hierzu das Nachwort von Joachim Unseld in: Franz Kafka: Brief an den Vater. Hg. und mit einem Nachw. von J. Unseld. Frankfurt/M. 1994, S. 196.
[94] In den Jahren zuvor hatte er sich zweimal mit Felice Bauer verlobt; jedes Mal wurde die Verbindung wieder aufgelöst.
[95] Brod 1991, S. 22 f.
[96] Brod 1991, S. 24.
[97] Darauf hat Walter Müller-Seidel in einem grundlegenden Aufsatz zum *Brief an den Vater* aufmerksam gemacht (1987, S. 357).
[98] Hasselblatt 1964, S. 157.
[99] Deleuze/Guattari 1976, S. 16.
[100] Vgl. Christoph Stölzl: Kafkas böses Böhmen. Zur Sozialgeschichte eines Prager Juden. München 1975.
[101] Auf diese wichtigen Zusammenhänge haben Müller-Seidel (1987) und Anz (1989, S. 32 ff.) hingewiesen; ihnen bin ich im Folgenden verpflichtet.
[102] Anz 1989, S. 37.
[103] Otto Gross: Von geschlechtlicher Not zur sozialen Katastrophe. Mit einem Textanhang von Franz Jung. Hg. und kommentiert von Kurt Kreiler. Frankfurt/M. 1980, S. 15 f.

Literaturverzeichnis

I. Textausgaben

DIE VERWANDLUNG und der BRIEF AN DEN VATER werden nach der Reclam-Ausgabe zitiert, die Seitenzahlen werden ohne weitere Angabe in den Text eingefügt:
Die Verwandlung. Nachwort von Egon Schwarz. Stuttgart 1995 (= Reclams UB 9900).
Brief an den Vater. Hg. und kommentiert von Michael Müller. Stuttgart 1995 (= Reclams UB 9674).

Die anderen Werke werden mit Siglen nach folgenden Ausgaben zitiert:

B = Beschreibung eines Kampfes. Novellen, Skizzen, Aphorismen aus dem Nachlaß. Gesammelte Werke. Hg. von Max Brod. Frankfurt/M. 1983 (Fischer-Tb.).
Br = Briefe 1902–1924. Gesammelte Werke. Hg. von Max Brod. Frankfurt/M. 1983 (Fischer-Tb.).
BrF = Briefe an Felice und andere Korrespondenz aus der Verlobungszeit. Hg. von Erich Heller und Jürgen Born. Frankfurt/M. 1976 (Fischer-Tb. 1697).
BrM = Briefe an Milena. Erw. und neu geordnete Ausg. Hg. von Jürgen Born und Michael Müller. Frankfurt/M. 1986 (Fischer-Tb. 5307).
E = Erzählungen. Gesammelte Werke. Hg. von Max Brod. Frankfurt/M. 1983 (Fischer-Tb.).
P = Der Proceß. Roman in der Fassung der Handschrift. Frankfurt/M. 1994 (Fischer-Tb. 12443).
Pr = Der Prozeß. Roman. Gesammelte Werke in acht Bänden. Hg. von Max Brod. Frankfurt/M. 1983 (Fischer-Tb.).
T = Tagebücher 1912–1914. Gesammelte Werke. Hg. von Max Brod. Frankfurt/M. 1983 (Fischer-Tb.).
V = Der Verschollene. Roman in der Fassung der Handschrift. Frankfurt/M. 1994 (Fischer-Tb. 12442).

II. Sekundärliteratur

Abraham, Ulf, 1993: Franz Kafka: Die Verwandlung. Frankfurt/M.

Adorno, Theodor W., 1969: Aufzeichnungen zu Kafka. In: ders.: Prismen. Kulturkritik und Gesellschaft. Frankfurt/M., S. 302–342.

Allemann, Beda, 1987: Fragen an die judaistische Kafka-Deutung am Beispiel Benjamins. In: K. E. Grözinger u.a. (Hg.): Franz Kafka und das Judentum. Frankfurt/M., S. 35–70.

Anders, Günther, 1947: Franz Kafka. Pro und Contra. In: Neue Rundschau 58, H. 6, S. 119–157.

Anderson, Mark M., 1988: Kafka and Sacher-Masoch. In: Franz Kafka's THE METAMORPHOSIS, ed. and with an introduction by Harold Bloom. New York u.a., S. 117–133.

Angus, Douglas, 1954: Kafka's METAMORPHOSIS and THE BEAUTY AND THE BEAST Tale. In: Journal of English and Germanic Philology 53, S. 69–71.

Anz, Thomas, 1989: Franz Kafka. München.

Bauer, Gerhard, 1972: Nochmals: historisch-materialistische Literaturwissenschaft. Mit Kafka als Zeugen für den Klassenkampf. In: Alternative 15, H. 84/85, S. 102–111.

Beicken, Peter U., 1986: Franz Kafka. Leben und Werk. Stuttgart.

Beicken, Peter U., 1995: Franz Kafka: Die Verwandlung. Erläuterungen und Dokumente. Stuttgart (= Reclams UB 8155).

Beißner, Friedrich, 1983: Der Erzähler Franz Kafka und andere Vorträge. Frankfurt/M.

Binder, Hartmut, 1979: Kafka-Handbuch. 2 Bde. Stuttgart.

Binder, Hartmut, 1983: Kafka. Der Schaffensprozeß. Frankfurt/M.

Binion, Rudolph, 1961: What THE METAMORPHOSIS Means. In: Symposium 15, S. 214–220.

Blanchot, Maurice, 1988: Wiederholung und Verdoppelung. Notiz über Literatur und Interpretation. In: Neue Rundschau 99, H. 2, S. 121–130.

Bogdal, Klaus-Michael (Hg.), 1993: Neue Literaturtheorien in der Praxis. Textanalysen von Kafka, VOR DEM GESETZ. Opladen.

Brod, Max, 1991: Über Franz Kafka. Frankfurt/M.

Canetti, Elias, 1984: Der andere Prozeß. Kafkas Briefe an Felice. München, Wien.

Corngold, Stanley, 1973: The Commentator's Despair. The Interpretation of Kafka's METAMORPHOSIS. Port Washington, N.Y., London.

Corngold, Stanley, 1973: The Structure of Kafka's METAMORPHOSIS (Metamorphosis of the Metaphor; Symbolic and Allegorical Interpretation). In: ders.: The Commentator's Despair, S. 1–38.

Deleuze, Gilles; Guattari, Félix, 1976: Kafka. Für eine kleine Literatur. Frankfurt/M.

Fingerhut, Karlheinz, 1981: Franz Kafka – Klassiker der Moderne. Literarische Texte und historische Materialien. 2 Bde.: Schülerarbeitsbuch, Lehrerband. Stuttgart.

Fingerhut, Karlheinz, 1996: Kafka für die Schule. Berlin.

Hasselblatt, Dieter, 1964: Zauber und Logik. Eine Kafka-Studie. Köln.

Heselhaus, Clemens, 1952: Kafkas Erzählformen. In: Deutsche Vierteljahrsschrift für Literaturwissenschaft und Geistesgeschichte 26, S. 353–376.

Hillmann, Heinz, 1973: Franz Kafka. 2. erw. Aufl. Bonn.

Holland, Norman N., 1958: Realism

and Unrealism. Kafka's M ETAMOR-
PHOSIS. In: Modern Fiction Studies 4,
S. 143–150.

Jahnke, Uwe, 1990: Franz Kafkas Erzählung D IE V ERWANDLUNG. Ein literaturdidaktisches Konzept. Frankfurt/M. u.a.

Kaiser, Hellmuth, 1973: Franz Kafkas Inferno. Eine psychologische Deutung seiner Strafphantasie (1931). In: Franz Kafka. Hg. von Heinz Politzer. Darmstadt, S. 69–142.

Krock, M., 1974: Oberflächen- und Tiefenschicht im Werk Kafkas. Diss. Marburg.

Müller-Seidel, Walter, 1987: Franz Kafkas B RIEF AN DEN V ATER. Ein literarischer Text der Moderne. In: Orbis Litterarum 42, S. 353–374.

Nabokov, Vladimir, 1986: Franz Kafka: D IE V ERWANDLUNG. In: Franz Kafka: D IE V ERWANDLUNG. Mit einem Kommentar von Vladimir Nabokov. Frankfurt/M. (= Fischer-Tb. 5875), S. 73–133.

Neider, Charles, 1948: The Frozen Sea. A Study of Franz Kafka. New York.

Neubauer, John, 1992: The Fin-de-Siècle Culture of Adolescence. New Haven, London.

Politzer, Heinz (Hg.), 1973: Franz Kafka. Darmstadt (= Wege der Forschung Bd. 37).

Raabe, Paul, 1967: Franz Kafka und der Expressionismus. In: Zeitschrift für deutsche Philologie 86, H. 2, S. 161–175.

Rudloff, Holger, 1997: Gregor Samsa und seine Brüder. Kafka – Sacher-Masoch – Thomas Mann. Würzburg.

Ruhleder, K. H., 1971: Die theologische Dreizeitenlehre in Franz Kafkas *Die Verwandlung*. In: Literatur in Wissenschaft und Unterricht 4, S. 106–114.

Sautermeister, Gert, 1974: Die sozialkritische und sozialpsychologische Dimension in Kafkas D IE V ERWANDLUNG. In: Der Deutschunterricht 26, H. 4, S. 99–109.

Schlingmann, Carsten, 1968: D IE V ERWANDLUNG. In: A. Weber, C. Schlingmann, G. Kleinschmidt: Interpretationen zu Franz Kafka. München, S. 81–105.

Scholz, Rüdiger; Herrmann, Hans Peter, 1990: Literatur und Phantasie. Schöpferischer Umgang mit Kafka-Texten in Schule und Unterricht. Stuttgart.

Schubiger, Jürg, 1969: Franz Kafka. Die Verwandlung. Eine Interpretation. Zürich, Freiburg.

Sokel, Walter H., 1981: Von Marx zum Mythos. Das Problem der Selbstentfremdung in Kafkas *Verwandlung*. In: Monatshefte 73, S. 6–20.

Stamer, Uwe, 1994: Stundenblätter D IE V ERWANDLUNG, D AS U RTEIL. Eine Einführung in das erzählerische Werk Kafkas für die Sekundarstufe II. 6 Aufl. Stuttgart.

Vogl, Joseph, 1990: Ort der Gewalt. Kafkas literarische Ethik. München.

Wagenbach, Klaus, 1964: Franz Kafka mit Selbstzeugnissen und Bilddokumenten. Reinbek (= rororo Bildmonographie 91).

Wagenbach, Klaus, 1994: Franz Kafka. Bilder aus seinem Leben. 2., erw. und veränd. Neuausg. Darmstadt.

Webster, Dow, 1959: Franz Kafka's T HE M ETAMORPHOSIS as Death and Resurrection Fantasy. In: American Imago 16, S. 349–365.

Weinberg, Kurt, 1963: Kafkas Dichtungen. Die Travestien des Mythos. Bern, München.

Zischler, Hanns, 1996: Kafka geht ins Kino. Reinbek.

Zeittafel zu Leben und Werk

1883 Franz Kafka wird am 3. Juli als ältestes Kind des Kaufmanns Hermann Kafka und seiner Frau Julie, geb. Löwy, in Prag geboren.
1889–93 Besuch der ›Deutschen Knabenschule am Fleischmarkt‹.
1893–1901 Besuch des ›Altstädter Deutschen Gymnasiums‹ im Kinsky-Palais. FRÜHWERKE (nicht erhalten).
1898 Hinwendung zum Sozialismus – Kafka trägt in der Schule eine rote Nelke.
1901 Abitur. Beginn des Studiums an der Deutschen Universität in Prag. Zuerst Chemie, dann Jura.
1902 Germanistik-Studium in Prag, vorübergehend in München. Ab Wintersemester Fortsetzung des Jura-Studiums in Prag.
1904 Beginn der Arbeit an BESCHREIBUNG EINES KAMPFES.
1906 Staatsprüfungen. Promotion zum Dr. juris bei Alfred Weber. Rechtspraxis.
1907 Aushilfskraft bei der Versicherungsanstalt ›Assicurazioni Generali‹. HOCHZEITSVORBEREITUNGEN AUF DEM LANDE.
1908 Erste Veröffentlichung: BETRACHTUNG (8 Prosastücke) erscheint in der Zeitschrift *Hyperion*.
Ende Juli: Eintritt in die ›Arbeiter-Unfall-Versicherungs-Anstalt für das Königreich Böhmen in Prag‹. Dienst mit ›einfacher Frequenz‹ (8–14 Uhr). Kafka unternimmt seine erste Dienstreise.
1909 Ferien in Riva am Gardasee. DIE AEROPLANE IN BRESCIA (Feuilleton). Kafka unternimmt zahlreiche Dienstreisen. Beginn der TAGEBÜCHER.
1910 Besuch von Wahlversammlungen und sozialistischen Veranstaltungen. Kafka begeistert sich für eine jiddische Schauspieltruppe.
1911 Ferienreisen nach Italien und Paris. Kafka wird stiller Teilhaber an einer Asbestfabrik, was ihm unerwartet große Zeitverluste einbringt. Freundschaft mit dem jiddischen Schauspieler Jizchak Löwy.
1912 Beginn an dem Roman DER VERSCHOLLENE. Erste Begegnung mit Felice Bauer. Durchbruchsjahr für Kafkas schriftstellerische Tätigkeit: September DAS URTEIL. Oktober/November DIE VERWANDLUNG (Kafka wird bei der Abfassung durch Reisetätigkeit gestört).
Erste Buchveröffentlichung: BETRACHTUNG (18 Prosastücke) erscheint im Rowohlt-Verlag.
1913 Zahlreiche Dienstreisen. DER HEIZER (1. Kap. von DER VERSCHOLLENE) erscheint in der expressionistischen Buchreihe *Der Jüngste Tag*, DAS URTEIL in dem Jahrbuch *Arkadia*.
1914 Verlobung mit Felice Bauer in Berlin (1. Juni), Entlobung im Juli. Beginn der Arbeit am PROCESS, IN DER STRAFKOLONIE.
1915 DIE VERWANDLUNG erscheint in der expressionistischen Zeitschrift *Die weißen Blätter*.
1916 DAS URTEIL erscheint. Kafka begibt sich zum Schreiben in ein von der Schwester Ottla gemiete-

tes Häuschen in der Alchimisten-Gasse. Erzählungen des Bandes *Ein Landarzt*.

1917 Wohnung im Schönborn-Palais (Kafka wohnt zum ersten Mal nicht mehr bei den Eltern). Zweite Verlobung mit Felice Bauer. August: Blutsturz. Kafka zieht zurück zu den Eltern. September: Lungentuberkulose wird diagnostiziert. Kafka wohnt für einige Zeit bei seiner Schwester Ottla in Zürau. Dezember: Entlobung mit Felice.

1918 Ab Mai Wiederaufnahme der Arbeit in der Versicherungs-Anstalt. Kafka schreibt fast nichts mehr. Ab Dezember zum ersten Mal Erholungsurlaub in Schelesen.

1919 Kafka lernt Julie Wohryzek in Schelesen kennen. Verlobung, Heiratsplan. *In der Strafkolonie* erscheint. Der Heiratsplan wird aufgegeben, angeblich wegen Widerstand des Vaters. Im November reist Kafka mit Max Brod nach Schelesen. Der *Brief an den Vater* wird dort verfasst, aber dem Vater nicht ausgehändigt. Der Band *Ein Landarzt* erscheint.

1920 Januar/Februar: Kafka setzt seine schriftstellerische Tätigkeit fort. Entstehung der Aphorismen-Reihe *Er*. Beginn des Briefwechsels mit der tschechischen Journalistin Milena Jesenská. Zahlreiche *Erzählungen*. Entlobung mit Julie Wohryzek. Sanatoriums-Aufenthalt.

1921 Kafka übergibt Milena alle Tagebücher. Beginn neuer Tagebuchaufzeichnungen. Ab November dauernde Beurlaubung vom Dienst.

1922 Januar: Kafka erleidet einen Nervenzusammenbruch. Beginn der Arbeit an dem Roman *Das Schloss*, *Erzählungen*. Ab Juli Pensionierung.

1923 Kafka lernt die (in chassidischer Tradition erzogene) Kinderhelferin Dora Diamant kennen. Wieder in Schelesen. September: Übersiedlung zu Dora Diamant nach Berlin. *Erzählungen*.

1924 Kafka schreibt seine letzte Erzählung *Josefine, die Sängerin oder Das Volk der Mäuse*. Kehlkopftuberkulose wird diagnostiziert. Sanatoriums- und Klinikaufenthalte. Am 3. Juni stirbt Kafka in Kierling bei Klosterneuburg, am 11. Juni wird er in Prag beerdigt. Danach erscheint der Band *Ein Hungerkünstler*.